COMO *O Segredo* MUDOU MINHA VIDA

The Secret®

Outros livros da autora

O Segredo

O Segredo: O Livro da Gratidão

The Secret Daily Teachings

O Poder

A Magia

Hero

Outros títulos de O Segredo

O Segredo do Poder Teen
Paul Harrington

The Power of Henry's Imagination
Skye Byrne e Nic George

COMO *O Segredo* MUDOU MINHA VIDA

Pessoas de verdade. Histórias de verdade.

Rhonda Byrne

SEXTANTE

Título original: *How The Secret Changed My Life*

www.thesecret.tv

As informações contidas neste livro têm um propósito educativo e não devem ser usadas para substituir o diagnóstico, a prescrição ou o tratamento de qualquer distúrbio de saúde. Também não substituem um planejamento financeiro responsável. Seu conteúdo deve ser usado como uma contribuição adicional a um programa prescrito por um profissional. O autor e a editora não se responsabilizam pelo uso indevido desse material.

Publicado mediante acordo com a editora original, Atria Books, uma divisão da Simon & Schuster, Inc.

tradução: Fernanda Abreu
preparo de originais: Magda Tebet
revisão: Luis Américo Costa e Raphani Margiotta
capa: Nic George para Making Good LLC e Albert Tang, diretor de arte da Atria Books
adaptação de capa: Ana Paula Daudt Brandão
conceito de arte: Nic George para Making Good LLC
projeto gráfico: Suet Y. Chong
diagramação: Miriam Lerner
impressão e acabamento: Geográfica e Editora Ltda.

CIP-BRASIL. CATALOGAÇÃO NA PUBLICAÇÃO
SINDICATO NACIONAL DOS EDITORES DE LIVROS, RJ

B999c Byrne, Rhonda
Como O Segredo mudou minha vida / Rhonda Byrne; tradução de Fernanda Abreu; Rio de Janeiro: Sextante, 2016.
272 p.; il.; 14 x 18 cm.

Tradução de: How The Secret Changed My Life
ISBN 978-85-431-0442-3

1. Sucesso - Aspectos psicológicos. 2. Autorrealização (Psicologia). 3. Felicidade. I. Abreu, Fernanda. II. Título.

16-36258 CDD: 158.1
CDU: 159.947

Todos os direitos reservados, no Brasil, por
GMT Editores Ltda.
Rua Voluntários da Pátria, 45 – Gr. 1.404 – Botafogo
22270-000 – Rio de Janeiro – RJ
Tel.: (21) 2538-4100 – Fax: (21) 2286-9244
E-mail: atendimento@sextante.com.br
www.sextante.com.br

Dedicado ao ser
único e inigualável
que é você

Sumário

AS ABOVE SO BELOW AS WITHIN SO WITHOUT
AS ABOVE SO BELOW AS WITHIN SO WITHOUT

Introdução

Desde que *O Segredo* foi lançado, dezenas de milhares de pessoas já nos escreveram para compartilhar a história de como usaram seus princípios para atrair aquilo que desejavam: saúde, riqueza, o parceiro perfeito, uma carreira de sucesso, a restauração do casamento ou relacionamento, a recuperação de algo que fora perdido e até mesmo a substituição da depressão pela felicidade. Ao seguir os métodos contidos em *O Segredo*, essas pessoas – de todos os países e culturas do planeta – conseguiram transformar a vida que levavam em algo extraordinário. Elas fizeram o que o indivíduo comum teria julgado impossível, pois sabiam que *nada* é impossível.

Este livro contém algumas das mais milagrosas, estimulantes

e inspiradoras Histórias Secretas da vida real, selecionadas entre as muitas que recebemos ao longo da última década. Juntas, elas vão guiar você em uma incrível jornada que vai romper os limites da sua mente. Essas histórias demonstram claramente que, seja você quem for e esteja onde estiver, pode usar O Segredo para criar o que desejar.

Junto com as Histórias Secretas, minhas palavras irão conduzi-lo pelas páginas deste livro com a sabedoria de O Segredo. Se você ainda não conhece O Segredo, vou lhe proporcionar uma compreensão global de como utilizar seus princípios. Se você já o conhece, este será um lembrete das coisas simples que pode fazer para ter uma vida boa repleta de tudo aquilo que deseja.

Ao longo dos anos, consegui realizar todos os desejos da minha lista aparentemente interminável, mas, sem dúvida, ouvir das pessoas que elas modificaram de forma milagrosa a própria vida foi a maior realização que O Segredo me proporcionou. Coisas materiais são muito divertidas, e você deve ter o que desejar, mas poder fazer algo para ajudar outro ser humano a ter uma vida melhor traz uma felicidade que jamais irá abandoná-lo. E, no fim das contas, o que mais queremos é ser feliz.

Quero que você saiba quão facilmente pode mudar sua vida, e não é se esforçando para tentar deixá-la do jeito que deseja. Só existe uma maneira de mudá-la: mude o seu pensamento e sua vida mudará.

Rhonda Byrne

Existem dois tipos de pessoas:
as que dizem "Vou acreditar
quando tiver visto"
e as que dizem "Para ver, sei
que preciso acreditar".

– Ensinamentos Diários de O Segredo

Como Pedi, Acreditei e Recebi: o Processo Criativo

O maior segredo da vida é a lei da atração, segundo a qual coisas semelhantes se atraem. Isso significa que você está atraindo para si as experiências e circunstâncias *semelhantes* aos pensamentos e imagens presentes na sua mente. Aquilo em que você pensa constantemente é o que vai atrair para sua vida.

Se você pensar continuamente no que quer, vai trazer o que deseja até você. Por meio dessa que é a mais poderosa das leis, seus pensamentos se materializam em sua vida. Seus pensamentos atuais estão criando sua vida futura, portanto, ao mudar seus pensamentos agora, você pode mudar sua vida.

Depois de entender O Segredo, você poderá usar o Processo Criativo para atrair o que quiser e viver a vida dos seus sonhos. O Processo Criativo é composto por três passos simples: Pedir, Acreditar, Receber.

Primeiro Peça

A lei da atração reage a qualquer pensamento consistente que você mantiver em sua mente. Mesmo que você peça algo muito específico, não tenha dúvida alguma de que vai receber exatamente o que pediu.

CANTAR COM STEVIE WONDER

Oi, gente. Meu nome é John Pereira, e vou contar como *O Segredo* funcionou para mim. Em primeiro lugar, naquela época eu não estava muito bem: andava deprimido e zangado, em especial com um sócio que minha irmã e eu tínhamos. Minha irmã estava me infernizando para eu assistir a *O Segredo* e um belo dia fez todos pararmos o que estávamos fazendo para ver o filme. Desde então, resolvi me dar uma chance e simplesmente praticar.

Dois dias depois, estava na academia lendo o jornal e deparei com a notícia de que Stevie Wonder iria fazer um show em 22 de outubro, dia do meu aniversário. Falei para minha irmã: "É isso. Eu não vou só conhecer o cara; vou cantar com ele!"

Contei a todo mundo que havia conhecido George Benson, que tinha ido a uma festa com Jamiroquai e que agora iria cantar com Stevie, o *big boss* em pessoa. Todo mundo pensou que eu tinha enlouquecido. No dia seguinte, ao visitar meu irmão, levantei-me para fazer um café e lhe pedi que desse *pause* no programa a que estávamos assistindo na TV. Quando voltei para a sala, a tela estava congelada na seguinte frase: GANHE A OPORTUNIDADE DE CANTAR AO VIVO NO PALCO COM STEVIE WONDER. Não acreditei!

Voltei direto para casa para me cadastrar no concurso. Era preciso escrever, em vinte palavras, por que você queria cantar com Stevie, e as palavras simplesmente foram surgindo na minha mente. Depois de mandar a inscrição, perguntei a minha namorada se deveria me cadastrar outra vez. Nessa hora, o computador parou de funcionar. "Não se preocupe", falei para ela. "Eu já ganhei, não preciso fazer tudo de novo!"

Cerca de uma semana depois, eu estava num bar com uns amigos. Olhei para um deles e disse: "Sabia que vou cantar com o Stevie Wonder?" Ele olhou para mim como se eu estivesse maluco.

No dia seguinte, cheguei em casa do trabalho e falei para minha irmã: "O que vou fazer quando for cantar com ele?"

Ela respondeu: "O mais importante é não ter pressa, porque quando você se der conta já vai ter acabado. Então curta o momento." Eu ia tirar uma soneca à tarde quando meu telefone começou a tocar. Atendi e um cara disse: "É John Pereira quem está falando? O senhor participou de um concurso?" "Sim", respondi. E ele falou: "Meus parabéns, o senhor é o vencedor!" Comecei a gritar e a jogar minha namorada para cima. Liguei para todo mundo – meus pais, minha irmã, meu irmão – e comecei a gritar. E o amigo com quem eu tinha falado no dia anterior disse apenas "Tá, tá bom" quando lhe contei. Ele não conseguia acreditar.

Então, se alguém não acreditar, ACREDITE! Eu sou a prova viva disso, e, se você quiser assistir ao clipe no YouTube, está neste link aqui: http://www.youtube.com/watch?v=lMftLNs_G6M.

John P., Sydney, Austrália

Eis outro exemplo incrível de alguém que atraiu um desejo muito específico usando O Segredo.

É UM MILAGRE

Descobri *O Segredo* no programa da Oprah, *The Oprah Winfrey Show*. Acreditei de verdade em cada palavra escrita no livro e falada no vídeo. Então entrei no site do *Segredo* e baixei um cheque do Banco do Universo. Preenchi o cheque só de brincadeira com a quantia de 100 mil ringgits (moeda malaia, o equivalente a cerca de 25 mil dólares) e preguei no pequeno quadro de avisos ao lado da minha penteadeira.

Então peguei uma nota de um ringgit e fui acrescentando zeros com uma caneta pilot. Queria escrever "100.000,00", mas o espaço era tão pequeno que só consegui pôr cinco zeros. Sem querer jogar a nota "1.000,00" ringgits fora, a preguei no quadro junto com o cheque.

Olhava para o quadro todos os dias e dizia a mim mesma que acreditava que aquilo iria acontecer. Na verdade não sabia se meu exercício de visualização estava correto e apenas o repetia de vez em quando. Para ser franca, com o passar do tempo meio que esqueci o assunto.

No início de outubro, quando estava pagando a conta do cartão de crédito no banco, vi um cartaz sobre um concurso chamado "Concurso de SMS Apanhador de Sonhos

RM$100.000,00", organizado pela empresa do cartão. O concurso começava em 5 de julho e terminava em 15 de outubro, mas não era a primeira vez que eu ouvia falar nele. Aí pensei: *Bem, ainda tenho duas semanas para mandar meu SMS; antes tarde do que nunca.* E mandei.

Então, no fim do mês, recebi uma ligação da empresa do cartão de crédito dizendo que eu tinha ganhado o segundo prêmio do mês de outubro. Iria receber, em dinheiro, RM$1.000,00. Fiquei empolgada, pois nunca tivera sorte em concursos. Contei para meu marido e nós dois pulamos de alegria.

Dois meses depois, recebi outro telefonema da empresa dizendo que eu estava entre os onze finalistas, competindo pelo grande prêmio de RM$100.000,00, e que o vencedor seria escolhido na semana seguinte.

Nessa noite, sentada em frente à minha penteadeira, reparei no quadro de avisos. Ali estava o cheque de RM$100.000,00 que eu havia preenchido três meses antes. Meu coração começou a bater mais depressa quando olhei para a nota de um ringgit, que se parecia mais com RM$1.000,00 do que com RM$100.000,00.

Levei a nota e o cheque até a sala para mostrar a meu marido. "Amor, acho que sei por que ganhei o segundo prêmio, o de RM$1.000,00. Foi a nota de 1 ringgit! Ainda que eu tenha pedido por acidente, Deus me deu mesmo assim! É O Segredo em ação!", disse a ele.

Comecei a chorar de felicidade. A vozinha dentro de mim não parava de repetir que eu seria a vencedora do grande prêmio, que Deus (o Universo) tinha organizado esse acontecimento, as pessoas e as circunstâncias para me entregar meu cheque de RM$100.000,00.

Então li o capítulo de *O Segredo* sobre dinheiro e assisti ao vídeo outra vez. Sempre que tinha alguma dúvida de que o prêmio seria meu, rapidamente a substituía pela minha imagem sorrindo e segurando o grande cheque de mentira de RM$100.000,00 no palco.

Na manhã da final do concurso, antes de sairmos de casa, meu marido me disse: "Leve o cheque de RM$100.000,00 que você preencheu. Você hoje vai receber o de verdade." Então o levei.

Antes de entrar no local do sorteio, dei uma última olhada no cheque, visualizei-me ganhando e tentei afastar as dúvidas. Em seguida reparei no aviso de remessa no alto do cheque: GRATIDÃO. Na mesma hora, peguei o telefone do meu marido e abri os álbuns de fotos da nossa linda filha de 2 anos.

Ver seu sorriso encantador me fez sentir tanta felicidade que soube que estava certa. No evento pensei apenas no sorriso dela e me vi como a ganhadora.

E, SIM, EU GANHEI!

Ganhei o grande prêmio de RM$100.000,00. Quando meu nome foi anunciado, tive a sensação de estar tendo uma experiência de *déjà vu*, pois já tinha visto as mesmas imagens desfilarem pela minha mente inúmeras vezes.

Depois de me entregar o cheque falso, o apresentador me disse: "Quando a senhora entrou neste recinto com os outros dez finalistas, parecia a mais feliz de todos. Talvez porque soubesse que iria ganhar."

É mesmo um milagre. No dia 18 de agosto escrevi uma nota de RM$1.000,00 por acidente e preenchi um cheque de RM$100.000,00, e no dia 12 de dezembro ambos se tornaram realidade.

Quando contei a meus amigos e parentes o que havia acontecido, aqueles que ainda tinham dúvidas passaram a acreditar.

~ *Enny*, Kuala Lumpur, Malásia

Pode parecer quase impossível receber aquilo que você deseja. No entanto, para a lei da atração, nada é impossível e tudo é possível, mesmo que você esteja pedindo um milagre, como no caso da história de Popeye, o pug fujão.

POPEYE

Minha filha de 21 anos e seu cachorro Popeye, um pug macho de 4 anos, moraram conosco por quatro meses e durante esse tempo quem tomava conta dele era eu. Quando ela se mudou, levou junto meu amado Popeye e ficamos sem notícias dela por uns dois meses. No dia em que perguntei por Popeye, ela me disse que ele tinha fugido do quintal de casa e que não estava conseguindo encontrá-lo.

Fiz um cartaz com o meu telefone e a foto dele e tirei cem cópias. Preguei o cartaz em toda a área próxima de onde Popeye tinha sumido. Quando perguntei quanto tempo fazia, minha filha me respondeu que havia um mês. Fiquei chocada por ela não ter nos avisado antes. Estatisticamente falando, se você não encontra um animal nas primeiras três semanas, o mais provável é que nunca volte a encontrá-lo.

Recebi várias ligações sobre um pug visto nas redondezas e sempre corria para o local onde a pessoa dizia tê-lo visto. Um dia, alguém ligou e disse que tinha encontrado um pug macho e corri para o endereço, mas descobri que não era o meu. Com o passar do tempo, fui pregando cada vez mais cartazes e recebendo cada vez menos telefonemas. Publiquei um anúncio no jornal e vasculhei a vizinhança, falei com pessoas e distribuí mais cartazes.

Até então, eu não tinha ouvido falar em *O Segredo*. Ele entrou na minha vida quando fui visitar meu filho na Universidade Estadual do Mississippi e entrei na livraria do campus. Comprei vários livros, mas não *O Segredo*. Nem sequer o vi. Mais tarde no mesmo dia, meu filho quis alguma outra coisa, de modo que voltamos à livraria e, quando estávamos na fila do caixa, eu vi *O Segredo*. Não fazia ideia do que fosse, mas a capa chamou a minha atenção, então comprei. Passado o fim de semana, levei o livro para casa e comecei a ler. E me dei conta de por que Popeye ainda não tinha voltado para casa. Quando ele foi embora, coloquei sua caminha na garagem. Ela ficava no meu closet, mas me doía olhar para ela. Pus a caminha de volta no closet, fui ao petshop e comprei a comida dele. Continuei pregando cartazes, mas também passei a agradecer diariamente por Popeye estar em casa. Acreditava tanto que ele estava em casa que chegava a chorar de gratidão.

Umas duas semanas se passaram sem quaisquer telefonemas, mas nem assim perdi a fé. Então, um dia, recebi a ligação de um homem dizendo ter visto um pug na vizinhança. Na época que ele o viu, Popeye já tinha sumido havia um bom tempo, mas o sujeito queria que eu soubesse que ainda havia esperança. Pensei que era uma atitude maravilhosa da parte dele. Então, poucas horas depois, ele me ligou de novo e disse que Popeye estava no Texas com sua sobrinha. Disse que ela estava visitando o bairro na época em que Popeye tinha sumido e que o encontrara perto da escola, localizada bem próxima da casa de onde ele fugira. Sua sobrinha percorrera a vizinhança perguntando se alguém conhecia o cachorro, mas não encontrara ninguém. Por isso, quando chegou a hora de voltar para casa, levou-o consigo. Seu tio estava viajando havia muitos meses, mas, quando chegou em casa e viu meus cartazes, ligou para a sobrinha e disse que a família de Popeye estava procurando por ele. O homem me passou o telefone da sua sobrinha e eu liguei, perguntando se o cachorro que estava com ela sabia fazer o truque de Popeye. Ele sabia.

Agora vocês devem estar se perguntando como eu iria conseguir Popeye de volta se ele estava no Texas e eu no Mississippi. Bom, o resto da história é que a moça morava a quinze minutos do meu pai, que foi buscar Popeye e vai trazê-lo para casa quando vier para a formatura do meu filho!

~ *Marta*, Mississippi, EUA

Marta sabia que precisava chegar ao ponto de acreditar que Popeye estava em casa, o que não é algo fácil de fazer quando um bichinho amado desaparece. Ela decidiu empreender ações específicas muito poderosas – como levar a caminha de volta para o closet e comprar a comida dele – porque essas ações diziam que Popeye iria voltar para casa. A crença de Marta se tornou tão forte que chegou a fazê-la chorar de gratidão pelo fato de Popeye ter retornado. Esse tipo de crença é o segundo passo vital do Processo Criativo.

O Segundo Passo: Acreditar

Peça, acredite, receba – três passos simples para criar o que você quer. Muitas vezes, porém, o segundo passo – acreditar – pode ser o mais difícil, mas é o maior que você vai dar. Acreditar não comporta dúvidas. Não vacila. Acreditar é ter fé absoluta. É permanecer firme apesar do que está acontecendo no mundo lá fora.

Quando você dominar a etapa de acreditar, terá dominado sua vida.

– Ensinamentos Diários de O Segredo

EU ACREDITO!

Uns seis meses atrás, meu namorado e eu decidimos nos mudar para outra cidade, onde ele já havia morado. Ele partiu antes em busca de emprego e foi morar com um amigo enquanto isso. Foi difícil para mim, porque eu sentia muita saudade dele, mas já tinha dado o aviso prévio no meu trabalho e planejava ir encontrá-lo no mês seguinte.

Mas o tempo foi passando e nada parecia dar certo. Meu namorado não conseguiu o trabalho que queria, de modo que já fazia quase um mês que estava desempregado. Eu também não encontrara um novo emprego e, além disso, não conseguira arrumar uma pessoa para ocupar meu apartamento. Se não achasse alguém para entrar no dia em que eu saísse, teria que pagar mais três meses de aluguel, e não tínhamos dinheiro para isso. Meu namorado e eu estávamos a quilômetros um do outro. Eu me sentia sozinha e quase desesperada. Nosso tempo e nosso dinheiro pareciam estar se esgotando.

Em um fim de semana que passamos juntos, achamos um apartamento. Mas ficamos sabendo que a família que ainda morava lá só poderia sair alguns dias depois da data prevista para entrarmos. A mudança já estava marcada e não podíamos alterar a data. Tudo parecia estar uma grande confusão.

Certa noite, mais ou menos uma semana antes da mudança, quando estava realmente chorando de desespero, li *O Segredo*. Escolhi duas pedras para serem minhas pedras da gratidão e, segurando-as com uma das mãos, escrevi com a outra tudo por que me sentia grata e tudo que eu queria, sobretudo naquela transição para minha nova vida. Desejei um emprego e férias também. Queria achar um trabalho imediatamente, mas também queria ter tempo para conhecer a cidade e me instalar em nosso novo apartamento. Desejei que meu namorado trabalhasse e que conseguíssemos nos mudar para nosso apartamento no fim de semana que havíamos planejado, nem mesmo um dia depois disso! Imprimi duas fotos da casa para a qual nos mudaríamos e escrevi bem grande, em vermelho, a data em que queria me mudar. Pus uma das fotos na bolsa e outra ao lado da cama. Além disso, desejei que uma garota bacana se mudasse para meu apartamento no dia em que eu fosse embora.

Comecei a carregar as pedras no bolso da calça jeans para pensar, toda vez que as tocasse, na lista de coisas que havia escrito aquela noite.

E adivinhem só o que aconteceu: uns cinco dias antes de eu ir embora, uma garota ligou dizendo que queria se mudar para meu apartamento. Chegou até a comprar minha máquina de lavar roupa, que resolvi vender porque não poderia levar comigo. Meu namorado e eu nos mudamos para o novo apartamento no fim de semana que havíamos planejado e tivemos duas semanas para nos sentir em casa na nossa linda e nova cidade antes de ambos assinarmos, no mesmo dia, os contratos de nossos novos empregos!

Estou muito grata por ter conhecido melhor *O Segredo* e a mim mesma. Ele funciona de verdade; tudo que você precisa fazer é acreditar, principalmente em si próprio. E ele continua a me ajudar todos os dias. Obrigada, Rhonda, por ter compartilhado *O Segredo* conosco. Vou seguir compartilhando-o também.

~ *Nia,* Alemanha

Você precisa saber que aquilo que quer é seu no instante em que você pede. Mas precisa ter fé total e irrestrita. Precisa agir, falar e pensar como se tivesse aquilo *agora*. É isso que significa acreditar.

Nia usou as imagens de sua casa nova com a data da mudança escrita em cima para reforçar sua crença de que *já a tinha*. Sempre que você chega a esse ponto de acreditar, o Universo precisa mover todas as pessoas, circunstâncias e acontecimentos para você receber! Como vai acontecer, *como* o Universo vai lhe trazer o que você quer, não é preocupação sua nem trabalho seu. Permita que o Universo faça isso por você. Quando fica tentando entender *como* vai acontecer, você emite uma frequência que contém falta de fé – transmitindo que não acredita que já tem aquilo que quer. Você pensa que *você* tem que fazer e não acredita que o Universo vai fazer *por* você.

UM MILAGRE DO GREEN CARD

Em janeiro de 2011, comprei *O Segredo* em uma livraria minúscula no aeroporto da minha cidade natal em Kerala, na Índia, enquanto esperava para embarcar no voo de volta para os Estados Unidos. Ler o livro no avião para Los Angeles mudou minha vida para sempre. Eu havia passado a vida inteira lutando contra a negatividade, mas os ensinamentos de *O Segredo* me ajudaram a mudar de perspectiva e a assumir o controle do meu futuro.

Ainda assim, tive muitas recaídas. Muitas vezes deixava passar despercebidas as bênçãos do meu novo emprego, da minha linda casa nova e do meu ótimo e novo relacionamento para me concentrar no que não possuía – em especial um green card permanente que me permitisse continuar morando nos Estados Unidos.

Eu tinha um green card temporário, baseado no meu curto casamento, mas para conseguir um permanente teria de provar que o casamento tinha sido real e válido. O casamento fora muito real – e eu trazia cicatrizes emocionais que poderiam provar isso –, mas meu marido e eu havíamos nos separado pouco mais de um ano depois de nos casarmos e estávamos a ponto de assinar o divórcio.

Eu precisava contratar um advogado especializado em questões de imigração, o que custava caro, e tudo que fazia era reclamar dos valores e do fato de que iria ser deportada. Consequentemente, a lei da atração garantiu que meus problemas continuassem.

As coisas estavam indo de mal a pior quando decidi entrar no site de *O Segredo* e ler alguns dos depoimentos para espantar meu baixo astral. Fiquei inspirada por muitas pessoas que tinham compartilhado seus milagres pessoais e decidi voltar ao caminho certo na mesma hora. Imprimi duas cópias coloridas do meu atual green card e mudei a data de validade de 2011 para 2021. Coloquei uma das cópias no quadro de cortiça do meu trabalho, onde podia vê-lo, e a outra, na carteira.

Então fiz algo que garantiu o sucesso do meu desejo: esqueci-me dele por completo! Não passei nem mais um minuto pensando no assunto, imaginando o que os advogados estavam fazendo ou me perguntando se tinha apresentado uma quantidade suficiente de documentos comprobatórios – nem sequer um pensamento negativo. Tampouco tentei "auxiliar" o processo, como teria feito normalmente. Não imaginei minha entrevista com o oficial da imigração correndo bem; não dediquei nenhum segundo a pensar no meu advogado apresentando argumentos brilhantes a meu favor. Apenas me desapeguei. Sempre que alguém me perguntava como estava o andamento do processo, eu dava de ombros e dizia que meu pedido estava sendo analisado. Recusei-me a ficar querendo notícias do escritório do meu advogado ou a me preocupar com a data na qual deveria ser informada sobre a entrevista com o oficial da imigração.

Com a minha compreensão de como funciona o processo de obtenção do visto de permanência, eu teria previsto, na melhor das hipóteses, uma entrevista curta e bem-sucedida com um oficial da imigração inclinado a simpatizar comigo ou algo assim. Mas a lei da atração me deu mais do que eu jamais poderia ter imaginado! No primeiro dia de junho, dois meses depois de o meu green card atual vencer, recebi o novo pelo correio. Sem entrevista, sem oficial da imigração, sem hora marcada e sem retorno, apenas o documento com a data de vencimento 2022 nele impressa: um ano A MAIS do que eu tinha escrito na cópia que me servira de inspiração!

O que aprendi com essa experiência foi que muitas vezes a solução não é se esforçar constantemente para só ter pensamentos positivos sobre algo que se quer; é a capacidade de pedir, acreditar e depois se desapegar. Confiar que o Universo recebeu meu pedido, estar segura de que o articulei com clareza e acreditar que meu desejo vai ser atendido foram os três passos que passei a dominar. Ainda estou me esforçando para resistir ao impulso de tentar detalhar mais o meu pedido ou ajudá-lo acrescentando mais vibrações positivas.

~ *Ambika N.*, Los Angeles, Califórnia, EUA

Como Ambika percebeu, é muito mais fácil acreditar que vai ter seu desejo realizado quando você está se sentindo bem do que quando não está se sentindo bem. Isso porque acreditar é uma emoção positiva, presente na mesma frequência de sentir-se bem. Assim, não tente praticar o acreditar se estiver de baixo astral. Comece a se sentir bem e só depois faça as visualizações e práticas que o ajudarão a acreditar.

Se você estiver reclamando das coisas na sua vida, está na frequência da reclamação e não se encontra em condição propícia para atrair aquilo que quer.

Entre na frequência do bem com seus pensamentos e palavras. Em primeiro lugar, você vai se sentir bem, e, em segundo lugar, vai estar na frequência propícia para receber mais desse bem.

– Ensinamentos Diários de O Segredo

PEÇA UMA VEZ E SE DESAPEGUE

Meu marido e eu tínhamos decidido comprar uma casa nova e deixar a atual vazia até ser vendida. Considerando a má situação do mercado imobiliário, era um risco bem grande, mas estávamos otimistas. No entanto, após mais de vinte visitações em sete meses e nenhuma proposta, eu estava começando a ficar bastante desanimada e muito estressada com o fato de ter que bancar duas hipotecas.

Ouvi falar em *O Segredo* no programa da Oprah. Pouco depois disso, incentivei meu marido a assistir ao filme comigo. Era uma sexta-feira. No domingo, tive que ir à casa desocupada para esvaziar a garagem e foi então que decidi usar o que havia aprendido ao assistir a *O Segredo*. Pedi uma vez que a casa fosse vendida, visualizei uma placa de "venda em andamento", senti gratidão e me desapeguei.

Quando estava fechando a garagem e prestes a voltar para o carro, vi um senhor pegando um folheto na placa de VENDE-SE no gramado. No dia seguinte, o corretor ligou avisando que tínhamos recebido três propostas pela casa. Recebemos o sinal 45 dias depois.

~ *Tricia*, Brentwood, Califórnia, EUA

Peça, Acredite e Você Vai Receber

SONHOS ANTIGOS DE VIAGENS

Até onde minha memória alcança, eu sempre quis viajar. Na minha opinião, não existe bênção maior do que conhecer o mundo e experimentar tudo que a Terra tem a oferecer. Lembro-me de escrever sobre isso no meu diário quando estava no ensino médio e de basicamente declarar que "iria viajar" algum dia. Hoje me dou conta de que estava usando O Segredo, só não sabia disso. Mas meu primeiro objetivo era concluir a faculdade.

A vida nos Estados Unidos durante a recessão foi bastante desanimadora e, por vezes, muito frustrante. Eu jamais teria imaginado que iria me formar na faculdade durante a maior crise econômica desde a Grande Depressão! Não tinha dinheiro algum, precisava pagar os empréstimos estudantis e não havia jeito de arrumar um emprego na minha pequena cidade universitária. Era sempre assim: ou ninguém estava contratando, ou meus horários na faculdade eram incompatíveis. Eu começava a me sentir realmente desanimada.

Tinha lido *O Segredo* e o aplicara a algumas coisas, mas acho que não acreditava nele de todo o meu coração. Então decidi ler de novo, e dessa vez o livro calou fundo em mim.

Eu tinha três meses e meio antes da formatura para fazer as viagens virarem realidade, mas o mundo inteiro ao meu redor gritava: "Você nunca vai conseguir viajar!" Até meus pais, duas pessoas incríveis que me dão todo o apoio, disseram: "Tire esses sonhos de viagem da cabeça... isso não vai acontecer tão cedo. Você não tem dinheiro e nós não podemos ajudar a pagar!" Às vezes dava vontade de desistir e simplesmente dizer: "Ah, eles têm razão!" Em vez disso levantei a cabeça e resolvi parar de conversar com os outros sobre o assunto, já que todos estavam sendo tão negativos. Enquanto isso, dizia a mim mesma todos os dias: "Eu vou viajar. Não sei como nem quando, mas *vai* acontecer."

Criei um mural de visualizações com imagens dos lugares aos quais queria ir. Todas as noites escrevia no meu diário e listava tudo por que me sentia grata na minha vida – coisas que amava nas pessoas, coisas que amava em mim, etc. Escrevia que agradecia pela oportunidade de conhecer o mundo e as coisas excelentes que isso iria fazer pela minha alma. Várias e várias semanas escrevendo aquilo me ajudaram de fato a sentir que já tinha recebido o que desejava. Eu acreditava sinceramente, de todo o meu coração, que tudo iria acontecer comigo.

Então, mais ou menos um mês e meio depois de iniciar essa prática, recebi um e-mail de um velho amigo me oferecendo um emprego na Itália – um intercâmbio cultural para viver com uma família! Depois a família entrou em contato comigo e propôs *me pagar* para eu morar lá. Eu não podia acreditar. A oportunidade literalmente *caiu* no meu colo.

Então pensei: *"Ok, quando eu estiver lá vou ter dinheiro. Agora só preciso resolver como chegar!"* Não parava de repetir para mim mesma que iria *com certeza*; só precisava do dinheiro da passagem.

Algumas semanas depois, me formei na faculdade e eis que as pessoas começaram a me mandar dinheiro de presente pela formatura. Somado, o dinheiro coincidiu certinho com a quantia de que eu precisava para comprar a passagem.

Então vi que não podia viajar até lá *só* para conhecer a Itália. Queria conhecer muito mais da Europa. Assim resolvi passar um mês fazendo mochilão. Meus amigos e a minha família ficaram preocupados e perguntaram: "Como você vai conseguir guardar tanto dinheiro assim? Vai sozinha? Quem vai com você?" Mas continuei a insistir: "Quando chegar a hora, eu resolvo. Vou ter alguém para viajar comigo e vou guardar dinheiro suficiente. Sei que vou!"

Reservei minha passagem de ida e volta contando que ficaria esse mês a mais e, *no dia seguinte mesmo*, minha melhor amiga, que morava em outro estado, me ligou. Fazia tempo que não nos falávamos. Quando contei meus planos de viajar pela Europa, ela disse na mesma hora: "Vou com você. Vou reservar a passagem agora... Nos vemos em Roma!"

Minha viagem *inteira* se tornou realidade usando O Segredo. É uma sensação linda saber que algo tão maravilhoso pode acontecer pelo simples fato de você modificar seus pensamentos! A viagem foi uma experiência que mudou minha vida, tive dinheiro mais do que suficiente para fazê-la e, no final, ainda sobrou!

É verdade: Pedir, Acreditar, Receber. Funciona mesmo.

~ *Ashley S.*, Seattle, Washington, EUA

Peça uma vez, acredite que recebeu e, depois, tudo que você precisa fazer é sentir-se bem. Quando se sente bem, você está na frequência de receber. Está na frequência para todas as coisas boas virem na sua direção e para receber aquilo que pediu.

Uma forma rápida de entrar nessa frequência é dizer: "Eu estou recebendo agora. Estou recebendo tudo que é bom na minha vida neste momento. Estou recebendo ____________________ agora." E *sentir* isso. Sentir como se já tivesse recebido.

Foi isso que Ashley fez ao escrever em seu diário. Agir *como* se já houvesse recebido lhe propiciou tanto acreditar quanto receber!

Peça Algo Pequeno

> *A maioria das pessoas consegue trazer à tona depressa as pequenas coisas. Isso se deve ao fato de não terem nenhuma resistência em relação às pequenas coisas e de não terem pensamentos que as contradigam. Já quando se trata de coisas maiores, as pessoas com frequência emitem pensamentos*

de dúvida ou preocupação que contradizem essas coisas maiores. Essa é a única diferença no que diz respeito ao tempo que algo leva para se manifestar.

Nada é grande ou pequeno para o Universo.

– Ensinamentos Diários de O Segredo

ENCONTRAR UMA MOEDA MUDOU TUDO

Depois de ler *O Segredo*, decidi começar a colocá-lo em prática com algo pequeno. Decidi imaginar uma moeda de um *penny* e me certifiquei de que ela fosse um objeto especial. A minha moeda estaria com o lado cara para cima quando eu a encontrasse, seria muito reluzente e nova e, o mais importante, teria a data de 1996. Esse ano é muito especial para mim e era muito importante que ele estivesse gravado no *penny*.

Imaginei essa moeda faz quatro dias e desde então pensei nela várias vezes. Em algumas, me peguei vasculhando o chão de estacionamentos e calçadas à sua procura. Tive que ficar lembrando a mim mesma que não precisava procurá-la, porque ela iria me encontrar.

Não tenho certeza se cheguei a pensar no *penny* hoje. Desde que o imaginara, eu não vira nenhum outro. Hoje à noite fui ao cinema e, quando estava saindo do local, olhei para o chão por algum motivo e vi uma moeda reluzente. Pensei na hora que fosse a minha, mas antes de tocá-la me certifiquei de que o lado cara estava virado para cima. É claro que estava. Peguei o *penny* e comecei a chorar ao ver que a data era 1996!

Estou muito agradecida por ter decidido começar com algo pequeno, pois o que eu precisava era acreditar de verdade. Agora sei que posso fazer qualquer coisa e ter qualquer coisa, e minha vontade é comprar esse livro para todo mundo que conheço! Muito obrigada, sou mesmo muito grata!

~ *Amanda*, Connecticut, EUA

Não demora muito para o Universo manifestar o que você quer. Qualquer atraso na sua experiência se deve à sua demora em chegar ao ponto de acreditar, saber e sentir que já tem. Para o Universo, é tão fácil manifestar um dólar quanto um milhão de dólares e o único motivo pelo qual um pode vir mais depressa que o outro é que você pensa que um milhão de dólares é muito dinheiro e que um dólar não é grande coisa. Quando você pensa que algo é muito grande, na verdade está dizendo à lei da atração: "Isso é tão grande que vai ser difícil conseguir e provavelmente vai levar muito tempo." E terá razão, pois, não importa o que você pensa e sente, é isso que vai receber. Portanto, começar com algo pequeno é um jeito fácil de vivenciar a lei da atração funcionando para você. Quando a vir dando certo, todas as suas possíveis dúvidas vão desaparecer.

ALGO PEQUENO

A primeira vez que ouvi falar no Segredo foi por intermédio de uma amiga. Ela não parava de me dizer que tudo que acontecia na minha vida era por causa do Segredo. E eu pensava: *"Que diabo é O Segredo?"* Ela não me contava; tudo que dizia era: "Se eu contar a você, não será um segredo!" Então simplesmente deixei para lá e não dei importância.

Alguns meses mais tarde, meu primo do Canadá veio me visitar. Durante a conversa, acabamos esbarrando no mesmo tópico, O Segredo. Ele ficava me dizendo como O Segredo havia mudado sua vida e quantas coisas maravilhosas tinham lhe acontecido ao praticá-lo. Naquela hora pensei: *"Ok, vamos ver que estardalhaço todo é esse com relação ao tal Segredo."* Acabei encomendando o DVD pela internet e assistindo ao filme. Pensei: *"Humm... interessante. Mas o que posso fazer para ver se funciona?"* Resolvi começar com algo muito simples, mas que eu quisesse de verdade. Era o meu jeito engraçadinho de tentar provar que O Segredo não funcionava.

Pode parecer estranho, mas na época eu estava com uma enorme vontade de comer um pastel chinês feito no vapor chamado *har gow*. Morava em um bairro quase só de gente branca, onde era difícil encontrar um restaurante chinês autêntico. Porém O Segredo dizia para visualizar o que eu queria, e foi o que fiz. Também movi mundos e fundos para encontrar um *har gow*. Não falei nada sobre O Segredo nem que tinha pedido esses pastéis. Apenas continuei pensando nisso por mais ou menos uma semana, mas nada estava se materializando para mim.

Então, certa noite antes de dormir, falei para mim mesma: *"Vou comer esse negócio de um jeito ou de outro. Não sei como, mas vou."* Na manhã seguinte, fui trabalhar completamente esquecida do que tinha dito na noite anterior. Comecei a fazer minhas tarefas quando uma colega chegou perto e disse: "Vamos lá na cozinha; o outro departamento trouxe café da manhã para todo mundo." Segui-a até lá e adivinhem o que vi: meu *har gow*! Ha ha! Quem poderia ter imaginado? Foi tão aleatório. Além do quê, ninguém come isso no café da manhã! Mas ali estava ele.

Quando acreditei de verdade, aconteceu! Perguntei à garota que levara o *har gow* por que ela havia comprado aquilo para o café e tudo que ela respondeu foi: "Era a única loja aberta perto da minha casa às seis da manhã!"

Depois disso, passei a acreditar para valer no Segredo!

~ *Laarni R.*, Califórnia, EUA

Muitas vezes acontece de as pessoas "testarem" o poder do Segredo pedindo algo pequeno "só para ver se dá certo". Na próxima história, Jason também decidiu começar assim. E escolheu uma coisa tão rara e específica que não poderia haver dúvida caso acontecesse.

EU TINHA PARADO DE ACREDITAR, ATÉ...

Fazia um ano que eu vinha estudando a lei da atração quando *O Segredo* foi lançado. Nada tinha funcionado de verdade para mim até então, mas fiquei animado com o filme.

Quando o vi, foi muito inspirador. Assistia a ele várias vezes por semana e gostava muito!

Em determinada parte, diziam para começar "atraindo uma xícara de café". No audiolivro, contam a história de um homem que atraiu uma pena de modo a provar que a lei da atração era verdade.

Resolvi "provar" para mim mesmo que a lei da atração era real. E quis fazer isso atraindo alguma coisa inteiramente fora de contexto para mim. Optei por um dedal vermelho. Todos os dias escrevia isso no meu livro de objetivos. Pensava no dedal, fechava os olhos, olhava para meu dedo e o imaginava ali. Cheguei a escrever um e-mail para mim mesmo, muito parecido com o que estou escrevendo aqui, contando a história que iria mandar depois que atraísse o dedal vermelho.

Duas semanas se passaram e nada aconteceu. No filme, diziam que era possível atrair uma xícara de café em um dia, e o cara atraiu a pena para si em dois dias. Já fazia duas semanas e eu ainda não tinha nada!

Então, um belo dia, em minha aula de teatro, estávamos fazendo um esquete em que as pessoas tinham que entrar e sair ao ouvir determinada palavra. A palavra que me deram foi *dedal*.

Foi uma sensação ótima, pois pude sentir que aquilo era um recado do Universo dizendo: "Continue o que está fazendo, ele está a caminho!"

Continuei e por um mês depois disso nada aconteceu.

Fiquei desanimado, frustrado e esqueci o assunto. Era óbvio que a lei da atração não funcionava. Mas eu acreditava que ela funcionava, sim, só não sabia como usá-la. Em dois meses e meio não tinha conseguido atrair nem sequer um dedal? Devia ser porque não sabia o que estava fazendo.

Fui, então, a um congresso de mágicos em Las Vegas. No final do congresso, nosso professor pediu que assinássemos seu livro de ouro e em seguida puséssemos a mão dentro do seu "baú do tesouro" e pegássemos um pequeno objeto que ele tivesse usado na sua turnê.

Um outro mágico assinou o livro e voltou dizendo: "Olhem só esta pedra! Vou usá-la como minha pedra da gratidão."

"Ah, você assistiu a *O Segredo*?", perguntei. Ele respondeu que sim. Aí entendi: meu dedal vermelho estava dentro daquele baú do tesouro. Aquilo era outro sinal. Fui até lá, assinei o livro de ouro, abri o baú e bem por cima havia um dedal vermelho. Não acreditei! Vasculhei a caixa inteira. Não havia outro dedal lá dentro. Apenas um, e da cor que eu tinha escolhido, vermelha.

Agora, exatamente como dizia a mim mesmo quando o estava desejando, carrego esse dedal comigo para todo lado. Ele está no meu bolso neste exato momento. Sempre que o toco, lembro da minha fé na lei da atração. Não tem como ter sido sorte ou coincidência; foi porque eu criei.

Não sei por que o dedal levou tanto tempo para chegar até mim. Ainda não sei se entendo totalmente como usar a lei da atração. Mas, sempre que toco esse dedal vermelho no meu bolso, eu acredito. Não acreditava por completo, mas agora acredito. A lei da atração é real!

~ *Jason*, Michigan, EUA

Depois que você vivencia o poder do Segredo na própria vida e acredita de verdade na lei da atração, descobre que, quando fizer suas práticas funcionarem a seu favor, tudo irá mudar para melhor.

Isso Realmente Irá Mudar a Sua Vida

O SEGREDO MUDOU A VIDA DA MINHA FAMÍLIA

Mais ou menos um ano e meio atrás, passei uns meses em Los Angeles com minhas duas filhas pequenas (uma de 5 meses, outra de 5 anos) enquanto meu marido se encontrava na África do Sul. Estávamos morando separados porque na África do Sul já não conseguíamos nos manter financeiramente, de modo que ele e eu decidimos que seria melhor eu levar as meninas para L.A., onde moravam parentes que poderiam nos ajudar por um tempo. Estar distante de meu marido e deixar as meninas longe do pai foi traumático, mas eu sabia que todos nós iríamos sobreviver.

Três pessoas diferentes me falaram sobre o filme *O Segredo* e contaram como assistir a ele tinha mudado suas vidas. Entrei na internet e vi o filme. Depois de vê-lo, entendi que na realidade eu já estava vivenciando O Segredo. Vinha escrevendo no meu diário sobre todas as coisas pelas quais me sentia grata. Acreditava de verdade que iríamos ficar bem em termos financeiros e sabia que logo tornaria a ver meu marido.

Percebi também que, quando meu marido e eu estávamos no mesmo lugar, algo não funcionava; era porque ele não estava vivenciando O Segredo e eu, sim. Sabia que tinha que fazer aquele filme chegar até ele.

Acabei recebendo uma grande soma de dinheiro e voltei para a África do Sul. Mostrei o filme a meu marido e disse-lhe que aquilo iria mudar sua vida. A essa altura, ele estava vivendo sem as filhas à base de pão e água. Os cachorros estavam famintos e ele não conseguia arrumar um emprego nem pagar nenhuma das contas. Quando voltei para a África do Sul, levei dinheiro suficiente para pagar todas as contas e comprar boa comida, e também a chave que mudou a vida de toda a nossa família.

Meu marido assistiu a *O Segredo* e passou semanas a fio vendo-o até pegar no sono. Concentrou-se no que de fato queria da vida em vez de no que não tinha.

Escrevemos em um pedaço de papel a vida que queríamos ter, incluindo a casa em que queríamos morar. Encerramos nossa vida na África do Sul e nos mudamos para a vida que sabíamos querer levar em Los Angeles. Temos exatamente a casa que imaginamos, nossa filha mais velha estuda no melhor colégio particular de L.A. e meu marido tem trabalhado o tempo todo, de modo que temos segurança financeira. Todos os dias de nossa vida vemos milagres acontecerem, milagres maiores do que imaginávamos. Podemos ver a maravilha de ter morado na África do Sul e do período que passamos separados, mas agora somos capazes de visualizar um futuro que brilha com uma luz branca. E faz apenas um ano que meu marido assistiu ao filme!

O Segredo mudou a vida de todo mundo na minha família e vai continuar a mudar para sempre! Todos nós sabemos agora que tudo que precisamos fazer é *Pedir, Acreditar,* e iremos *Receber*. Quanto mais você usa as ferramentas, mais depressa a manifestação ocorre. É GLORIOSO! E agora, compartilhando nossa história, ajudamos a mudar muitas vidas ao nosso redor. Obrigada.

~ *Alex*, Los Angeles, Califórnia, EUA

Não importa onde você esteja, não importa quão difíceis as coisas pareçam ser; você está sempre se movendo em direção à grandeza. Sempre.

– Ensinamentos Diários de O Segredo

Chaves para o Processo Criativo

- *Para a lei da atração, nada é impossível e tudo é possível.*
- *Você irá atrair tudo aquilo em que pensa continuamente.*
- *Pedir, Acreditar, Receber – três passos simples para criar o que você quer.*
- *O primeiro passo do Processo Criativo é Pedir. Para pedir, basta ter bem claro na sua mente o que você quer.*

- *Você pode ser tão específico quanto quiser.*
- *Depois de pedir, saiba que o que você quer já é seu.*
- *O segundo passo do Processo Criativo é Acreditar. Aja, fale e pense como se já tivesse recebido o seu desejo.*
- *Para acreditar, pense, fale e aja como se já tivesse o que quer.*
- *Como o Universo vai lhe trazer o seu desejo não é preocupação sua nem trabalho seu.*
- *Quando você acredita, o Universo precisa mover tudo para você receber.*
- *Teste o poder do Segredo pedindo algo pequeno.*
- *O terceiro passo do Processo Criativo é Receber. Quando você se sente bem, está na frequência de receber e as coisas que você quer virão.*
- *Peça uma vez, acredite que recebeu e tudo que precisa fazer para receber é sentir-se bem.*
- *Mude seus pensamentos agora e vai mudar sua vida.*

Para mudar nossa vida, em algum momento precisamos decidir que, em vez de continuar a sofrer, vamos viver felizes. E a única maneira de fazermos isso, aconteça o que acontecer, é tomar a decisão de procurar coisas pelas quais sentir gratidão.

– Ensinamentos Diários de O Segredo

Como Usei O Segredo para a Felicidade

A felicidade vem quando você dedica toda a sua atenção a pensamentos que o fazem se sentir feliz e ignora pensamentos que o fazem se sentir triste.

Sua vida está em suas mãos. Esteja você agora onde estiver, independentemente do que já tenha vivido, você pode começar a escolher de modo consciente os seus pensamentos e transformar sua vida numa existência cheia de felicidade. Não existe situação sem solução. Ao dedicar atenção a pensamentos que o fazem se sentir feliz, você não apenas será feliz, mas todas as circunstâncias da sua vida começarão a mudar para melhor!

Em termos simples, sua vida atual é o resultado dos pensamentos que você vem tendo, e por esse motivo sua vida inteira vai mudar quando você começar a modificar seus pensamentos e sentimentos. Ninguém conhece a verdade disso melhor do que Tracy, da nossa próxima história.

O SEGREDO SALVOU MINHA VIDA

Fui uma criança, como muitas outras, maltratada e indesejada. Tentativas de suicídio, transtornos alimentares e outras formas de automutilação se tornaram comuns para mim. Levei para a vida adulta esses sentimentos de falta de valor e autoestima zero.

Mergulhei no trabalho de enfermeira para estar sempre cuidando dos outros, já que não havia ninguém para cuidar de mim. Sempre tive amigas maravilhosas, mas relacionamentos horríveis com os homens. Meu ex-marido era um adúltero em série e meu namorado também me traiu. Amo meu filho, mas sentia que não era uma boa mãe e que ele merecia muito mais.

Em uma época em que o suicídio era uma séria possibilidade e eu simplesmente não conseguia ver um jeito de continuar vivendo, uma amiga querida recomendou *O Segredo*. Essa recomendação literalmente salvou minha vida. Li o livro, reli e até hoje ainda leio um capítulo por dia como parte do meu novo estilo de vida. Levei um tempo para entender e começar a aprender a viver. No início, tive que me esforçar muito para mudar meu modo de pensar. Mas simplesmente não existe correlação entre a vida que eu tinha e a vida que levo hoje. Acordo todo dia com um sorriso e uma prece de agradecimento. Sou *muito* feliz e essa é uma alegria que ninguém vai levar embora porque quanto mais feliz eu sou, mais felicidade recebo. Escrevo todos os dias no meu diário e também num mural de visualizações, e sou muito grata por todas as pessoas maravilhosas na minha vida. Entre elas está um homem fantástico que me ama muito e, igualmente importante, que eu consigo amar de volta. Também aprendi como amar a mim mesma, algo que foi uma tarefa bastante difícil. Minha vida inteira – no trabalho e em casa – agora é plena e satisfatória, e sou abençoada com muito amor em todas as áreas.

Também dei exemplares de *O Segredo* de presente a vários amigos, para que outros possam saber quão bela a vida pode ser.

~ *Tracy*, Ihas Canárias

Quando você se sente mal em relação a si mesmo, bloqueia todo o amor e toda a felicidade que o Universo tem para você. Tracy parou de ter pensamentos infelizes sobre si e sobre seu passado e começou a escolher pensamentos positivos e felizes. Descobriu por si própria que quanto mais feliz ficava, mais felicidade chegava até ela, incluindo seu parceiro perfeito. E é exatamente assim que você transforma sua vida em uma vida repleta de felicidade.

Hannah, na história a seguir, também mudou sua forma de pensar depois de ler *O Segredo* e, como consequência, modificou sua vida e experimentou uma recém-adquirida felicidade.

O MELHOR ANO DA MINHA VIDA

Li *O Segredo* numa época em que estava um tanto estagnada. Não sabia para onde estava indo na vida nem o que queria fazer. Depois de ler *O Segredo* no meu chatíssimo emprego de verão, as coisas começaram a mudar. Comecei a usá-lo na mesma hora. Eu estava sem dinheiro na época, mas, na noite seguinte à leitura de *O Segredo*, verifiquei minha conta bancária e fiquei chocada ao ver que tinha mais dinheiro lá do que pensava. Também visualizei um objeto específico, um belo estojo de batom de prata, e alguns dias depois esbarrei com um.

Poucas semanas após ler *O Segredo*, arrumei um novo emprego, com horário flexível e incrivelmente bem remunerado. Também me ofereceram um estágio fantástico numa empresa de relações públicas em Manhattan.

Quando comecei o primeiro ano da faculdade, estava a todo vapor. Meu estágio me permitia frequentar eventos importantes e conhecer gente famosa e influente. Por outro lado, o emprego garantia minha estabilidade financeira. Meu estágio de RP me levou a outro estágio em uma prestigiosa revista de moda, onde eu ganhava roupas sensacionais e convites para a Semana da Moda.

Uma coisa foi simplesmente puxando outra durante o ano inteiro e estou convencida de que ler *O Segredo* deu a partida em tudo isso. Meu ano foi repleto de pessoas incríveis e simpáticas, oportunidades empolgantes, presentes generosos, festas glamourosas e, o mais importante de tudo, positividade! Eu atraí gente que pensava como eu.

Estava decidida a passar o verão em Nova York e a pagar o aluguel sozinha. Fui contratada pela empresa de RP na qual tinha estagiado e estou fazendo exatamente o que visualizava para mim! Tantas coisas lindas, cheias de sorte e inspiradoras me aconteceram este ano que anotei todas elas. A lista está chegando a cem itens e as coisas boas não param de acontecer!

~ *Hannah*, Nova York, Nova York, EUA

Desapegue-se do Passado

Se você vive olhando para trás e se concentrando nas dificuldades do passado, está só trazendo mais circunstâncias difíceis para si agora. Quando pensar na sua vida, desapegue-se de tudo aquilo que não ama em relação a sua infância e guarde apenas o que ama. Desapegue-se daquilo que não ama nos seus anos de adolescência e na idade adulta e guarde só as coisas boas. Quando fizer isso, vai descobrir que começa a se sentir cada vez mais feliz. Quanto mais pensamentos positivos você cultivar, mais vai reparar nas coisas que ama e que o fazem se sentir bem, e mais feliz se tornará.

Coisas semelhantes se atraem e, quando está feliz, você atrai pessoas, circunstâncias e acontecimentos felizes para sua vida. É assim que sua vida muda – um pensamento feliz de cada vez!

Sua vida é um reflexo daquilo que você cultiva dentro de si, e o que você cultiva dentro de si está sempre sob o seu controle.

– Ensinamentos Diários de O Segredo

UM NOVO COMEÇO

Minha vida começou quando descobri *O Segredo*.

Antes de *O Segredo*, eu era infeliz o *tempo todo*, deprimida, tentei me matar algumas vezes, vivia com raiva e mal conseguia rir. Odiava a mim mesma e quase todo mundo à minha volta. Costumava escutar músicas deprimentes; assistia a filmes tristes; conversava sem parar sobre os problemas e depois de tudo isso só chorava. Costumava beber e me comportar muito mal com meus amigos. Estava péssima mesmo.

É claro que as coisas que aconteceram no meu passado infelizmente permanecem na minha vida hoje, mas eu entendo que não posso modificar o passado, de modo que está na hora de seguir em frente e começar a viver. Graças ao Segredo.

Desde que comecei a usar O Segredo, reparei em todo o amor que me rodeia. Não consigo acreditar que não vi isso antes. Sério. Fico chocada. E sou muito feliz! Todo mundo diz que agora sou outra pessoa; eu brilho!

Além disso, encontrei alguns amigos muito carinhosos. Todo mundo simplesmente começa a demonstrar seu amor por mim quando demonstro o meu para eles. E continuo recebendo cada vez mais amor, como sempre quis!

Minha missão seguinte era encontrar minha alma gêmea. E sim, já o encontrei. Preciso dizer que ele tem todas as qualidades que escrevi na minha lista?

Sempre que tenho oportunidade, compartilho O Segredo com os outros. Mesmo que não os conheça, só quero que todo mundo sinta o que eu sinto. Sou muito grata por isso. Quem sabe onde eu teria ido parar se não fosse O Segredo?

Obrigada. E obrigada, Deus.

~ *Micki*, Suécia

Criação significa dar origem a algo *novo* – algo que automaticamente substitui o velho. Não é preciso pensar no que você quer mudar; pense no que você quer criar. Quando preencher sua vida com pensamentos e sentimentos positivos, vai constatar que a culpa, o ressentimento e qualquer outro sentimento negativo vão deixá-lo. E você então começará a contar a maior história que jamais foi contada: a *verdadeira* história da sua vida feliz e fantástica.

A solução para ter felicidade é simplesmente parar de fazer as coisas que estão deixando você infeliz! E o maior colaborador não apenas da sua própria infelicidade, mas da de toda a humanidade, é o ato de dar atenção a pensamentos negativos. A saída é se entregar por inteiro aos pensamentos positivos e felizes.

UMA AJUDINHA DA AMIGA

Foi em meados de abril de 2008 que minha melhor amiga me apresentou a O Segredo. O irmão dela vive por essa cartilha e ela também tenta fazê-lo. Minha amiga viu que eu precisava de ajuda. Aos 29 anos, tomava uma dose alta de antidepressivos, que já vinha ingerindo havia quatro anos. O serviço social monitorava meus filhos, e eu me sentia perdida e sozinha.

Comprei *O Segredo* e o livro me cativou na mesma hora. Todas as palavras faziam sentido e pareciam estar escritas no meu coração. Passei a ler um pouquinho a cada noite e realmente absorvi o texto. Comecei a viver segundo seus preceitos e os efeitos foram imediatos. Eu me sentia mais forte, mais inteligente e mais "real" do que jamais me sentira na vida. Parei de tomar os remédios e fui me sentindo cada vez mais forte. Mantinha os remédios por perto, caso perdesse o controle da situação, mas desde então parei de tomá-los! Sou uma pessoa melhor. Compartilho meus sentimentos de gratidão, força e fé!

Na semana passada, o serviço social arquivou meu caso. O que disseram foi: "É inacreditável como você mudou, Mel, é como se fosse outra pessoa." Eu apenas sorri e disse: "Eu sou. Finalmente sou eu mesma!"

Hoje sou uma felicíssima mãe solteira de 35 anos para meus meninos, aproveitando a vida, me sentindo forte e compartilhando a gratidão. Mantenho meu Diário de Gratidão ao lado da cama e o uso sempre. Compartilhei meu exemplar de *O Segredo* com várias pessoas e muitas vezes digo a amigos que estão passando por dificuldades para simplesmente procurarem pequenas coisas pelas quais sentir gratidão e observar os sentimentos que evoluem a partir daí.

Às vezes ainda constato que preciso incentivar a mim mesma para voltar ao caminho certo, mas tenho consciência disso e consigo retomar a felicidade rapidamente! Meus Modificadores do Segredo funcionam e a gratidão que sinto é incrível. Já me peguei chorando de gratidão por causa de coisas mínimas!

O Segredo funciona! É incrível!

~ Melica P., Essex, Inglaterra

Os Modificadores do Segredo aos quais Melica se refere são coisas nas quais você pode se concentrar quando estiver sentindo raiva, frustração ou qualquer outra emoção negativa, para mudar esses sentimentos ruins em um instante. Podem ser belas lembranças, acontecimentos futuros, momentos engraçados, a natureza, uma pessoa amada ou sua música preferida. Os Modificadores do Segredo são específicos para cada pessoa, e você precisa ter uma lista deles à qual recorrer, pois coisas diferentes modificarão você em momentos diferentes e, se uma delas não funcionar, outra vai.

Assim como Melica, você pode usar Modificadores do Segredo sempre que precisar voltar ao caminho certo. Vai começar a se sentir bem e, quando se sentir bem, estará poderosamente atraindo coisas *boas* para si!

Veja, Sinta, Receba

Imagine o que você quer, visualize-se de verdade tendo isso, sinta a felicidade dentro de você e a lei da atração vai encontrar a maneira perfeita para que você o receba.

CASA NOVA, BEBÊ NOVO

Desde que comecei a praticar os ensinamentos de *O Segredo*, já manifestei muitas coisas para minha vida: meu marido, minha estabilidade financeira, minha saúde e um carro novo, para citar só algumas.

Minha filha de 6 anos, meu marido e eu voltamos para a cidade natal dele depois de nos casarmos. Ele sustenta a família enquanto eu me concentro nos estudos.

Recentemente, decidimos dar os próximos passos em nosso casamento procurando comprar nossa primeira casa própria e tentando ter um segundo filho. Tínhamos um cronograma em mente, mas, à medida que nosso prazo mental se aproximava, ainda não tínhamos casa nem teste de gravidez positivo.

Meu marido também acredita piamente na lei da atração e percebemos que tínhamos esquecido de Pedir, Acreditar e Receber de forma adequada!

Começamos a visualizar constantemente o bairro onde queríamos morar, muito embora seja um lugar muito concorrido, assim como o estilo específico da casa que desejávamos e o preço máximo que aceitaríamos pagar. Também começamos a visualizar minha gravidez e nosso novo bebê. Cheguei a fazer um enxoval on-line com todas as coisas de que vamos precisar quando ele chegar!

Todos os dias íamos dar uma volta por nosso futuro bairro. Ansiosos por morar ali, acabamos fazendo propostas para duas casas diferentes e perdemos para propostas maiores em ambos os casos.

Então, certa noite, durante nosso passeio habitual pela vizinhança, achamos a casa. A localização era perfeita. O estilo era exatamente o que tínhamos visualizado. Só que o preço era alto demais. Sabíamos que aquela seria nossa, então fizemos uma proposta mesmo assim. Uma proposta tão baixa que quase chegava a ser ofensiva.

No dia seguinte mesmo recebemos um telefonema do corretor. O vendedor aceitara nossa oferta! A notícia nos deixou em choque, visto que eu também havia feito um teste de gravidez naquela exata manhã e tinha dado positivo!

O enxoval que eu fizera antes de engravidar era para um menino. Eu chegava a dormir com um pedaço de papel debaixo do travesseiro no qual tinha escrito seu nome, sexo e cor dos olhos. E vocês não vão acreditar! Dei à luz um menino de olhos verdes, exatamente como sabia que iria acontecer.

Incrível como os pensamentos podem ser poderosos.

~ *Heather M.*, Buffalo, Nova York, EUA

Você já começou a pensar em alguma coisa com a qual não estava feliz e quanto mais pensava, pior ela lhe parecia? É porque, quando você mantém um pensamento por muito tempo, a lei da atração na mesma hora lhe traz mais pensamentos *parecidos*. Mas a boa notícia é que o contrário também acontece.

Se você dedicar sua atenção a pensamentos que o fazem sentir-se feliz, vai atrair pensamentos mais felizes. Na verdade, a felicidade é o atalho para tudo que você almeja na vida. Basta sentir e ser feliz agora! Concentre-se em irradiar para o Universo esses sentimentos de alegria e felicidade. Quando fizer isso, vai atrair para si todas as coisas que lhe trazem alegria e felicidade, que incluirão tudo aquilo que você quer. Quando você irradia esses sentimentos, eles lhe são devolvidos na forma de circunstâncias felizes para sua vida.

Diana, na próxima história, visualizou ter algo que realmente queria e, no fim das contas, conseguiu ainda mais felicidade do que havia imaginado.

CARMA INSTANTÂNEO

Na primeira vez que assisti ao filme *O Segredo*, aquilo me pareceu tão verdadeiro que tive a sensação de que já sabia, mas não tinha juntado todas as peças. Já vivenciei repetidas vezes coisas incríveis simplesmente sendo grata por tudo, visualizando o que quero e sendo uma observadora cuidadosa.

Mais recentemente, durante um voo noturno de Boston para Phoenix, fui uma das primeiras a embarcar, pois tinha pagado mais caro por um assento na classe executiva. Um ano antes, no mesmo voo, tivera a sorte de ser a única na minha fileira, de modo que pude me esticar e dormir durante a viagem. Passei o dia inteiro visualizando os assentos vazios ao lado do meu, para poder ter a mesma mordomia. Enquanto colocava a bagagem no compartimento superior, ouvi uma mulher mais velha perguntar à comissária se poderia sentar em uma das fileiras da frente. Então lhe explicaram que aqueles assentos eram mais caros e ela logo retrucou que era um pouco claustrofóbica e que por isso precisava ficar sentada na frente. Continuei a me acomodar enquanto eles lhe diziam educadamente que poderiam mudá-la de assento, mas que ela teria que pagar mais, ao que ela reagiu com rispidez dizendo que não tinha dinheiro.

Conforme o resto dos passageiros embarcava, aumentava meu deleite ao ver que as pessoas passavam, mas ninguém se sentava na minha fileira. Repetia para mim mesma como as visualizações podem ser incríveis. Por fim, a comissária anunciou que estávamos prontos para decolar e pediu que todos parássemos de usar nossos aparelhos eletrônicos antes de eles fecharem a porta da aeronave. Fiquei feliz por saber que meu desejo havia sido atendido, mas não parava de pensar na mulher mais velha. Pensei em como devia ser desconfortável para ela sentar na parte de trás do avião e sentir-se presa.

Eu não tinha como aproveitar todo aquele espaço a mais sabendo que ela estava sofrendo. Levantei-me e fui abordar a comissária que falara com ela. Expliquei que queria pagar para a senhora claustrofóbica ser transferida para um assento na minha fileira, mas que eles tinham que prometer não lhe contar que fora eu quem pagara. A comissária sorriu e disse que iria cuidar do assunto.

Vários minutos depois, a senhora foi conduzida até minha fileira e acomodada. Conversamos pouco, mas ela me pareceu muito feliz e isso encheu meu coração de mais alegria do que o sono jamais teria conseguido fazer. A noite pareceu passar voando.

Ao se aproximar o final do voo, os comissários foram passando pela cabine para cobrar no cartão de crédito de cada passageiro pela comida e bebida consumidas. Esperei alguém parar na minha fileira, mas eles pareciam ter me esquecido. Por fim, a comissária com quem eu tinha falado parou no corredor ao lado do meu assento e se abaixou enquanto eu lhe estendia meu cartão. Ela não pegou o cartão. Falando bem baixinho, disse que queria me agradecer em nome de toda a tripulação. O que eu havia feito era a coisa mais gentil que qualquer um deles já tinha visto num avião e todos ficaram inspirados com aquilo. Ela concluiu dizendo que não apenas não iriam me cobrar pelo assento da senhora, mas queriam pagar eles próprios a minha comida e bebida.

Senti-me tão honrada e tão plena de amor que mal consegui falar. "Obrigada", sussurrei de volta.

Foi uma experiência maravilhosa e cheia de amor, irradiado só porque eu ME OFERECI para fazer uma gentileza.

~ *Diana R.*, Phoenix, Arizona, EUA

Tenha Pensamentos Felizes e Seja Feliz Agora!

A maioria de nós tem uma ideia errada em relação à felicidade. Acreditamos que, se conseguirmos tudo que queremos e a vida sempre correr de modo favorável, seremos felizes. A partir dessa crença, criamos todas as desculpas do mundo sobre por que não podemos ser felizes agora. "Serei feliz quando conseguir o emprego, quando conseguir a promoção, quando sair deste emprego, quando passar na prova, quando entrar para a faculdade, quando sair da faculdade, quando emagrecer, quando engordar, quando comprar minha casa própria, quando vender minha casa, quando saldar minhas dívidas, quando não tiver mais estresse, quando me livrar deste relacionamento, quando tiver um novo relacionamento, quando tiver uma família, quando minha saúde melhorar."

Mas a grande revelação sobre a felicidade é que são justamente essas desculpas que estão ocultando a sua felicidade inerente, que está disponível para você todos os dias, não importa o que esteja acontecendo na sua vida. São justamente essas desculpas que o impedem de ser feliz *agora*. Não são as circunstâncias da vida que o estão impedindo de ser feliz; são as desculpas que você está dando para não ser feliz! Coisas semelhantes se atraem, felicidade atrai felicidade, então largue essas desculpas – todas elas – e seja feliz agora!

O PODER DA FELICIDADE

Eu era uma das pessoas mais infelizes que já conhecera. A infelicidade para mim era um estilo de vida, embora na época não percebesse isso. Então, depois de mais de 40 anos vivendo na mais completa infelicidade, tudo mudou de repente. A melhor parte é que foi muito simples. Ao mudar uma única coisa na minha vida, deixei de ser uma mãe solteira gravemente deprimida e desempregada, que vivia recorrendo à bebida, e passei a administrar minha própria editora independente!

Lembro-me da primeira vez que tentei tirar minha vida. Corri para o banheiro aos prantos, repleta de mágoa. Abri o armário de remédios, peguei todos os tarja preta que consegui encontrar e engoli. Queria morrer e pronto. Não acho que eu soubesse o significado da palavra *suicídio*, porque tinha só 9 anos. Mas sabia que aqueles comprimidos podiam me matar, e eu só queria morrer.

Essa foi a primeira de muitas tentativas de suicídio ao longo dos anos. Remédios, pulsos cortados, autoasfixia. Uma vez, quando era adolescente, cheguei a apontar uma arma para a cabeça, mas meus pais chegaram em casa mais cedo e eu joguei a arma de volta no criado-mudo e corri para o meu quarto. A partir dos 20 e poucos anos, passei a recorrer à bebida. Entrava e saía de empregos e relacionamentos e não parava de mudar de casa. Passei de uma situação financeira confortável para o desemprego e cheguei a perder minha casa por falta de pagamento das prestações. Com graves dores nas costas, faltava constantemente ao trabalho por estar doente e acabei com um câncer de mama. E essas foram as épocas boas.

Então, há dois anos, resolvi finalmente correr atrás do meu sonho e me tornar escritora de ficção psicológica, e foi o que fiz. Dediquei-me de corpo e alma aos meus livros, que venderam bastante bem. Um dia, sentei-me diante do computador pronta para escrever o sexto livro e não quis fazê-lo.

Estava cansada, exausta, infeliz. Tinha me esforçado tanto para realizar o sonho de me tornar escritora e agora estava de volta ao fundo do poço emocional. Não podia acreditar naquilo. Pensei *É isso* e mergulhei numa de minhas depressões mais profundas. Dormia muito, bebia e me sentia simplesmente anestesiada. Interagia com o mundo da melhor maneira que conseguia, mas ao mesmo tempo me sentia muito distante dele. Como sou mãe solteira de duas meninas, me matar não era uma alternativa. De modo que apenas lutei para seguir vivendo da melhor maneira possível, dizendo àqueles que amava o que eles queriam escutar, pois eu nem sequer entendia a verdade da situação.

Fazia anos que eu vinha estudando e aprendendo sobre a lei da atração, mas alguma coisa estava faltando e eu não conseguia entender o quê. Depois de algumas semanas, comecei a refletir sobre a ideia de que talvez ser escritora não fosse o que eu devia fazer na vida para ser feliz. Então repeti isso várias vezes até a frase se reduzir a "Ser feliz, ser feliz". Recordei as dezenas de vezes que tinha visto, lido e escutado *O Segredo* e Rhonda Byrne dizendo: "Você precisa se sentir bem."

Foi então que entendi. E se tudo que eu quisesse de todas as coisas que vinha perseguindo não fosse obter a coisa em si, mas ser feliz, me sentir bem? O que isso significava, afinal?

Percebi que nunca havia aprendido a ser feliz. Tivera momentos felizes, claro, mas felicidade, não. Vinha perseguindo a felicidade e nem sequer me dava conta disso. E foi nessa hora que decidi que precisava aprender a ser feliz, e a única pessoa que poderia me ensinar era eu mesma.

Fiz uma lista com dez coisas que realmente me faziam feliz e resolvi começar a incorporá-las à minha vida diária. Só que a vida atrapalhou o processo e acabei não fazendo isso, mas mesmo assim olhava a lista todo dia de manhã e pensava em fazer aquelas coisas, ainda que fosse apenas um pensamento.

E adivinhem o que aconteceu: comecei a me sentir feliz. Foram os fatos de abraçar cada manhã e pensar de maneira proativa em coisas que me faziam pessoalmente feliz que finalmente me ensinaram sobre a minha própria felicidade. Quando ensinei minha mente e meu corpo a serem felizes, comecei a manifestar mais coisas felizes e, por me sentir feliz, surgiam naturalmente mais coisas felizes na minha vida.

Queria voltar no tempo e dizer à menina que era aos 9 anos: "Não precisa tomar esses remédios para fazer a dor ir embora. Você mesma pode afastar esses sentimentos ruins. Basta fazer uma lista feliz e vai ficar tudo bem. Vai ficar mais do que bem, vai ficar tudo ótimo." Só que eu não posso voltar. Tudo que posso fazer agora é compartilhar minha história com outras pessoas e lhes dizer que, depois de mais de 40 anos de infelicidade, tudo mudou quando me tornei proativa na criação da minha própria felicidade; a lei da atração se encarregou do resto. Se tudo por que passei foi para compartilhar essa mensagem com o mundo, valeu a pena.

~ *Heidi T.*, Chico, Califórnia, EUA

Seja feliz *agora*. Sinta-se bem *agora*. Essa é a única coisa que você precisa fazer. E, se essa for a única coisa que você levar consigo depois de ler este livro, então terá recebido a maior verdade de O Segredo.

Nós todos somos inteiramente livres para escolher o que queremos. O poder está em nossas mãos agora e é você quem escolhe como usar esse poder na sua vida. Você pode escolher:

Ter uma vida mais feliz hoje ou adiar isso até amanhã.

O que lhe traz mais bem-estar? A escolha é sua.

– Ensinamentos Diários de O Segredo

Chaves para a Felicidade

- *Você muda sua vida com um pensamento feliz de cada vez.*
- *Dedique toda a atenção aos pensamentos que fazem você se sentir feliz e ignore os pensamentos que não fazem você se sentir feliz.*
- *Quanto mais pensamentos positivos você tiver, mais feliz se tornará.*
- *Quando você está feliz, atrai pessoas, circunstâncias e acontecimentos felizes para sua vida.*
- *Não são as circunstâncias da vida que o estão impedindo de ser feliz; são as desculpas que você está usando para não ser feliz.*
- *Pare de cultivar pensamentos de infelicidade relacionados a qualquer coisa do passado. Ao se concentrar em dificuldades passadas, você estará criando mais circunstâncias difíceis agora.*
- *Acreditar em pensamentos negativos é o que mais contribui para a infelicidade da humanidade.*

- *Encha-se de pensamentos e sentimentos positivos, pois, onde existe positividade, a negatividade não pode existir.*

- *Use Modificadores do Segredo para modificar pensamentos negativos.*

- *Para ser feliz, busque coisas pelas quais sentir gratidão, independentemente do que esteja acontecendo à sua volta.*

- *Não existe situação sem esperança.*

- *Pratique a felicidade hoje. Seu futuro depende disso.*

- *O atalho para uma vida ótima é SENTIR-SE FELIZ e ESTAR FELIZ agora!*

Dinheiro não traz felicidade –
mas felicidade traz dinheiro.

– Ensinamentos Diários de O Segredo

Como Usei O Segredo para Receber Riqueza

Para Atrair mais Dinheiro, Foque na Abundância

Como a necessidade de dinheiro é um sentimento poderoso, pela lei da atração, é claro, você continuará a atrair a *necessidade* de dinheiro. Para mudar o que está atraindo, você precisa inverter o equilíbrio dos seus pensamentos de falta de dinheiro para dinheiro mais do que suficiente. Tenha mais pensamentos de abundância do que de falta e terá invertido a balança.

O DINHEIRO VEM FÁCIL E COM FREQUÊNCIA!

Estudo numa universidade particular muito cara cuja anuidade custa por volta de 40 mil dólares, sem contar as despesas com alimentação e hospedagem. No entanto, venho de uma família de classe média baixa e não recebo qualquer ajuda dos meus pais, de modo que pago tudo sozinha. No dia em que a universidade divulgou os pacotes de ajuda financeira para o ano seguinte, levantei-me de manhã dizendo: "Hoje vai ser incrível, e o dinheiro vem fácil e com frequência." Quando as bolsas foram anunciadas, porém, a minha foi só de uns 5 mil dólares. Trabalho em tempo parcial por um salário mínimo e não tinha como ganhar os outros 35 mil dólares de que precisaria para pagar a universidade.

Como eu tinha lido *O Segredo*, comecei a sentir gratidão e a agradecer a Deus e ao Universo por pagarem minha anuidade. Quando entrei no Facebook, vi que um monte de gente estava fazendo comentários negativos sobre as bolsas recebidas, postando coisas como "Tchau, faculdade", "Meus estudos acabaram" e "Que coisa mais ridícula e revoltante!". Apenas sorri e pensei: "Pelo menos eu recebi bolsa integral!"

Nessa tarde, fui ao escritório de ajuda financeira e soube que poderia lhes mandar um e-mail pedindo revisão da minha bolsa, mas que a resposta levaria pelo menos uma semana.

Passei o resto da tarde perguntando às pessoas sobre bolsas e prêmios relacionados a arte (que eu estudo e crio), mas não disse nada negativo sobre minha universidade nem sobre o montante da minha bolsa. Simplesmente pedi conselhos financeiros, senti gratidão e amor, e rezei e agradeci a Deus por me ajudar a pagar meus estudos, repetindo sempre, com um sorriso no rosto: "O dinheiro vem fácil e com frequência."

Ao chegar em casa, comecei a escrever o e-mail para o escritório de ajuda financeira, mas queria me certificar de que a bolsa que tinha recebido era de exatamente 5 mil dólares, pois pensava que talvez pudesse ser um pouco mais, quem sabe 5.150 ou 5.200 dólares. Bem, vocês NUNCA vão adivinhar o que aconteceu quando verifiquei, no computador, a bolsa que tinha ganhado. Apesar de mais cedo naquele mesmo dia ter sido descrita como "bolsa definitiva", de alguma forma ela tinha mudado. Na verdade, eu iria receber bolsa integral no ano seguinte! Não precisaria pagar nada pelos estudos e teria até um pouco de dinheiro a mais para ajudar a pagar meu aluguel.

Eu tinha usado O Segredo antes, mas também já tivera pensamentos sobre como me esforço tanto e tiro notas tão boas, mas mesmo assim estou sempre dura. Agora penso que posso fazer qualquer coisa e que sou uma pessoa boa e merecedora que pode ter tudo o que quiser. Isso deveria fazer qualquer um acreditar!

~ *Chelsea*, São Francisco, Califórnia, EUA

Use Acessórios para Ajudá-lo a Acreditar na Abundância

Usar acessórios ajuda você a acreditar que está recebendo aquilo que pediu. Você talvez se lembre que Enny falou sobre usar um cheque do Banco do Universo em sua história no primeiro capítulo. Esse é um dos acessórios que a equipe de O Segredo criou para ajudá-lo a acreditar. Você pode baixar um cheque em branco do Banco do Universo gratuitamente em www.thesecret.tv/check. O Banco do Universo tem fundos ilimitados para você usar, então pode preencher o cheque com seu próprio nome e com a quantia que quiser. Ponha-o em um lugar de destaque e olhe para ele todo dia para de fato acreditar que tem o dinheiro agora. Imagine-se gastando o dinheiro com qualquer coisa que quiser. Sinta como isso é maravilhoso! Saiba que o dinheiro é seu, pois, quando você pede e acredita, ele de fato é.

Lembre-se de que a lei da atração não sabe se você está fazendo de conta ou se algo é real, então, quando estiver fingindo que já tem o que quer, você precisa sentir que isso é real. Quando o faz de conta começar a parecer real, você saberá que está tendo sucesso em trazer o que quer à realidade.

– Ensinamentos Diários de O Segredo

PREENCHA SEU PRÓPRIO CHEQUE

Passei a acreditar no Segredo desde o primeiro momento em que assisti ao filme e a partir de então o tenho compartilhado com o máximo de pessoas possível. Ele literalmente mudou minha vida. Depois de romper com meu noivo, de quase declarar falência e de voltar a morar na casa dos meus pais, entendi que minha vida tal como eu a conhecia tinha acabado. *O Segredo* mudou tudo isso – em especial o cheque em branco que se pode baixar do site e imprimir em qualquer língua.

Há anos venho preenchendo cheques de abundância da "Lua Nova", e ocasionalmente vejo os benefícios disso, dependendo do quanto acreditava neles. Assim, depois de assistir a *O Segredo* e descobrir o cheque em branco do Banco do Universo, decidi imprimir um exemplar e usá-lo. Escrevi uma quantia que era quase impossível me imaginar recebendo: 50 mil dólares. Não sei por que escolhi esse número, mas assim foi. Preguei o cheque no quadro de cortiça pendurado na parede do meu quarto de menina, bem no lugar em que poderia vê-lo todas as noites antes de ir dormir e todas as manhãs quando acordasse.

Em alguns dias eu me esforçava ativamente para sentir aquele dinheiro entrando na minha vida; em outros, ria de mim mesma como se reprovasse minha atitude (acho que foi por isso que demorou tanto).

Justo quando pensei que minha vida não poderia piorar mais (perdi o emprego, minha mãe adoeceu gravemente e o relacionamento com meu ex-noivo parecia estagnado e sem esperança), recebi uma carta de um parente informando que eu iria receber uma herança de 50 mil dólares.

Sinceramente, eu não poderia ter inventado isso nem que tentasse. Quando recebi a notícia, pensei que meu coração fosse explodir. O dinheiro me permitiu saldar minhas dívidas, investir e voltar a estudar. O próximo item da lista é comprar um imóvel que me proporcione uma renda com a qual possa montar meu próprio negócio.

~ *Sra. Abundante,* Ottawa, Ontário, Canadá

Crie um Mural de Visualizações para a Riqueza

Um mural de visualizações é uma ferramenta para ajudar você a criar na sua mente a imagem do que você quer. Quando olha para o mural de visualizações, está imprimindo na sua mente a imagem do seu desejo. E, ao se concentrar no seu mural de visualizações, seus sentidos são estimulados e isso evoca em você um sentimento positivo. Então passa a ter os dois elementos de criação – sua mente e seus sentimentos – operando com força total.

– Ensinamentos Diários de O Segredo

Na próxima história, Natalie usou um mural de visualizações para ajudá-la a se concentrar no que queria trazer para sua vida. Uma das coisas no seu mural era um cheque do Banco do Universo. Como você verá, o banco deu a ela exatamente o que havia pedido – muito embora, na época, ela não percebesse exatamente o que era.

VERIFIQUE A DATA

A primeira vez que ouvi falar em *O Segredo* foi em 2009, quando fui convocada para o Iraque. Acabara de encomendar um Kindle e pude baixar o livro do site. Terminei de ler em dois dias. Na mesma hora, foi como se uma luz tivesse se acendido na minha mente. Eu vinha rezando para Deus me mandar algumas respostas, pois acreditava que Ele era puro amor e queria que eu vivesse uma vida de abundância, mas nada parecia estar dando certo. Devia haver algo que eu estava deixando passar, então rezei para que ele me revelasse o que era.

No início atraí coisas pequenas, mas com o tempo passei a atrair coisas grandes, como um emprego como civil muito bem remunerado, três aumentos de salário e o amor da minha vida. Quando já estava confortável com o fato de atrair coisas, decidi pedir ao Universo a maior quantia de dinheiro que conseguia me imaginar tendo de forma realista. Sentei-me e perguntei em voz alta: "Quanto dinheiro eu de fato quero ter?" Passei um tempo sentada, em silêncio, e um número simplesmente surgiu na minha cabeça. Eu sabia que aquela era a quantia que deveria pedir. No ano-novo de 2010, criei um mural de visualizações para o que eu queria atrair naquele ano. Baixei o cheque do Segredo no site e o preenchi. Em 31 de dezembro desse mesmo ano, eu tinha atraído todas as coisas do meu mural, exceto a soma em dinheiro.

Simplesmente passei o cheque para o mural do ano seguinte e continuei mentalmente a fazer compras e a pensar em todas as maneiras como poderia gastar o dinheiro e em como iria ajudar as pessoas ao meu redor. Esse ciclo continuou por mais alguns anos. Eu atraía tudo no meu mural, menos o dinheiro.

Quando 2012 chegou ao fim e nos aproximávamos de mais um ano-novo, comecei a revisar meu mural de visualizações; mais uma vez tinha atraído quase tudo, exceto a grande quantia em dinheiro. Falei para mim mesma: "Eu sei que o Universo vai me dar isso quando eu estiver pronta para receber." Continuei a repetir minhas afirmações, meditar e ler as histórias postadas no site de O Segredo.

Agora posso enfim dizer que neste 31 de dezembro TUDO vai sair do meu mural de visualizações, porque pela primeira vez na vida atraí TODAS AS COISAS que estavam nele, inclusive a enorme quantia em dinheiro. Foi algo totalmente inesperado e no início pensei que fosse alguma piada, mas não era. Decidi seguir em frente e começar a criar meu novo mural de visualizações para 2013 e, ao olhar para o velho cheque, reparei pela primeira vez que tinha escrito nele a data de 31 de dezembro de 2012!

Deve ter sido um erro de digitação ou algo assim, mas, mesmo com esse equívoco, o Universo foi obediente. Sei que meu "erro" teve orquestração divina, pois antes eu não era responsável. Desde então, assumira o controle das minhas finanças e estava em condição muito melhor de recebê-lo.

PEÇA. ACREDITE. RECEBA. O Universo está sempre atento e sempre pronto para proporcionar. Seja abençoado. Eu sei que sou.

~ *Natalie F.*, Savannah, Geórgia, EUA

Para Receber, Sinta Gratidão

Quando você pede algo ao Universo – dinheiro ou qualquer outra coisa –, precisa acreditar que já o tem, ou seja, precisa sentir gratidão por ter aquilo agora. Em outras palavras, sinta gratidão *antes* de receber.

Quando você direciona o poder da gratidão para qualquer condição negativa, uma *nova* condição é criada, eliminando a antiga condição negativa. Isso significa que, quando você se coloca no lugar em que sente gratidão pelo dinheiro, muito embora ainda não tenha dinheiro suficiente, uma nova condição é criada, eliminando a falta de dinheiro e substituindo-a por mais dinheiro.

UMA SURPRESA INCRÍVEL

Em dezembro de 2007, pedi ao conselho de diretores da instituição de caridade na qual sou diretor executivo que comprasse um prédio para nossa organização sem fins lucrativos. O prédio que encontrei precisava de muitas obras e teríamos de fazer uma nova hipoteca, o que estava nos deixando todos muito nervosos, mas seguimos em frente com fé e confiança.

Quando viajamos no Natal, minha mulher e eu sofremos um acidente a muitos quilômetros de casa e nosso carro teve perda total. Já fazia vários meses que muitos de nossos amigos insistiam para que lêssemos *O Segredo*. Depois do acidente, soubemos que estávamos atraindo algo que precisava mudar, então compramos a versão em audiolivro e a escutamos durante a viagem de volta para casa. Fiquei tão animado com o conceito de Diário de Gratidão que comprei um para mim e outro para minha mulher. Em 1º de janeiro de 2008, na primeira página, listei todas as coisas que já tinha e pelas quais me sentia grato, e na página ao lado, intitulada Intenções de Gratidão, escrevi: "Sinto-me muito grato pelos 75 mil dólares que minha instituição de caridade recebeu para o nosso novo prédio em 31 de março de 2008." Reparem que isso foi em 1º de janeiro, de modo que eu estava declarando no presente minha gratidão por uma doação em dinheiro que ainda não tínhamos recebido.

Em 15 de março de 2008, fui procurado por uma fundação local que tinha ouvido falar em nossos planos para o prédio novo. A fundação queria ajudar e me pediu para organizar uma reunião com os membros do meu conselho em 25 de março para conversar mais a respeito. Sem esquecer que não tínhamos pedido ajuda alguma a essa fundação, mas tínhamos sido procurados, reunimo-nos em 25 de março e recebemos uma carta indicando que a fundação queria saldar a hipoteca do nosso prédio novo para podermos concentrar toda a atenção em nossos esforços para angariar fundos. Mais espantoso ainda, eles fariam dois pagamentos: receberíamos 75 mil dólares em 31 de março, último dia do seu ano fiscal, e o restante em 1º de abril, primeiro dia do novo ano fiscal!

~ *Zane G.*, Pueblo, Colorado, EUA

Não podemos atrair nada para nós se não sentirmos gratidão pelo que já temos. Na verdade, se uma pessoa se sentisse completa e profundamente grata por tudo, jamais precisaria pedir nada, pois as coisas lhe seriam dadas antes mesmo de ela pedir.

– Ensinamentos Diários de O Segredo

Dizem que dinheiro não cresce em árvores, mas, quando você se sente verdadeiramente grato, é possível que ele apareça do nada – um presente do Universo.

DINHEIRO DO CÉU

Meu namorado e eu moramos num prédio muito alto bem no centro de Atlanta. Como resultado de *O Segredo*, eu tinha começado a acordar todo dia de manhã e me dirigir a minha varanda para expressar gratidão por tudo que temos.

Certa manhã, me levantei e encontrei na varanda uma moeda de 1 *penny*. Decidi deixá-la onde estava. Vários meses depois, acordei e encontrei várias notas de 1 dólar espalhadas por nossa varanda – sete ao todo. Olhei em volta e vi que muitas outras pessoas tinham notas de 1 dólar em suas varandas.

Um mês depois disso, acordei muito cedo, quando ainda estava bem escuro lá fora, e vi o que pareciam ser duas notas no chão da varanda. Como no escuro eu não soube dizer de quanto eram, levei-as para dentro de casa. E surpresa: eram duas notas de 20 dólares! Uau. Fiquei tão animada que tornei a sair para ver se mais alguém tinha dinheiro na varanda. Ninguém tinha, mas ao olhar em volta encontrei duas outras notas de 20, além de outra no vaso de plantas! Achei um total de 100 dólares e fiquei inteiramente assombrada! Ninguém mais recebeu dinheiro algum, tampouco deu por falta de qualquer soma de dinheiro. Que bênção!

Passada uma semana, tive um sonho no qual determinados números apareciam repetidamente. Embora não costume apostar nem jogar na loteria, comentei com meu namorado que tínhamos que jogar naqueles três números. Que frase estranha para mim! Meus números não saíram nesse dia, mas ele continuou a jogá-los por mais alguns dias e – sim, vocês adivinharam – a sequência saiu certinha. Do jeito exato que eu tinha visualizado! Ganhei extraordinários 290 dólares.

Após esse episódio, recebi pelo correio um aviso dizendo que iria ganhar dinheiro num processo coletivo do qual não tinha conhecimento. Não preciso fazer nada a não ser esperar para receber.

O Segredo sem dúvida funciona. A gratidão é uma parte fundamental dele. Espero que mais dinheiro continue a chegar a qualquer dia, todos os dias.

Bênçãos para todos!

~ *Pat,* Geórgia, EUA

Imagine-se Tendo o Que Quiser

Se você quiser atrair mais dinheiro, faça listas das coisas que vai comprar com ele. Cerque-se de imagens das coisas que gostaria de ter e nutra sempre os sentimentos de possuir tais coisas agora. Imagine-se compartilhando essas coisas com as pessoas que ama e imagine a felicidade delas.

– Ensinamentos Diários de O Segredo

Não limite sua vida pensando que dinheiro é o único jeito de conseguir algo que você quer. Não faça do dinheiro seu único alvo; tenha como alvo aquilo que você quer ser, fazer ou ter. Se quiser uma casa nova, imagine-a e sinta a alegria de morar nela. Se quiser lindas roupas, eletrodomésticos ou um carro, se quiser ir para a universidade ou se mudar para outro país, imagine isso! Todas essas coisas podem vir até você de um número ilimitado de maneiras.

COMO O SEGREDO NOS FEZ MUDAR – LITERALMENTE

Minha família morou por 14 anos em nossa casa antiga. Não fomos nada felizes lá. Ela precisava de reparos e não tínhamos dinheiro para consertá-la. Queríamos sair daquele bairro, que deixava todos nós muito infelizes. Eu preferia estar no trabalho a ficar naquela casa; era como um buraco negro de depressão. Dizíamos: "Nunca vamos poder nos mudar", "Ninguém vai querer comprar esta casa", "Não temos dinheiro para nos mudar". Não conhecíamos isso de "Seu desejo é uma ordem" com relação ao Universo, nem sabíamos que esse tipo de pensamento negativo estava nos impedindo de avançar.

Estávamos de olho em uma casa que, quando foi anunciada no mercado, estava fora das nossas possibilidades financeiras, mas a desejávamos mesmo assim. Meu marido era o mais determinado de todos. Apontava para lá e dizia: "Essa vai ser a nossa casa."

Todos assistimos ao vídeo de *O Segredo* e nossas vidas mudaram drasticamente para melhor. Nós quatro usamos juntos o poder do Segredo. Agora tínhamos as ferramentas corretas para nos visualizar morando naquela linda casa que sonhávamos ser nossa: imaginamos onde ficariam nossos móveis novos, imaginamo-nos olhando pela janela pelo lado de dentro, pensamos como iríamos decorá-la, imaginamo-nos preparando refeições na cozinha e sentindo o cheiro da comida, ou então sentados tranquilamente no terraço, fazendo o paisagismo, acenando de longe para nossos novos vizinhos. Imaginamo-nos sentindo aquelas sensações. Acreditamos que já estávamos morando lá.

E, cinco semanas depois, estávamos de fato morando lá. Pusemos nossa casa à venda "no estado" e em dois dias recebemos uma proposta num valor muito próximo ao preço que estávamos pedindo. A casa que queríamos já estava à venda havia um ano e meio e seu preço caíra de forma drástica. Conseguimos uma hipoteca logo e sem qualquer problema, e sobrou bastante dinheiro para comprar móveis novos. Agora mal posso esperar para voltar do trabalho. Chego a ir almoçar em casa. Agradeço a Deus todos os dias e aproveito, a cada segundo, o fato de morar lá. Estamos todos muito felizes!

~ *Gina*, Plymouth, Pensilvânia, EUA

Em sua visualização, Gina e a família fizeram algo muito poderoso: usaram *todos* os seus sentidos. Eles não apenas viram a casa dos seus sonhos, mas também a sentiram; sentiram até seu cheiro! Quanto mais sentidos você incluir na sua visualização, mais acreditará no que está imaginando, e mais depressa isso irá se materializar.

ADEUS NEGATIVIDADE

Sempre fui pessimista, embora gostasse de pensar que estava sendo realista. Sempre via os dois lados da história, mas acabava pendendo para o lado negativo, pensando que as coisas eram "boas demais para serem verdade".

Desde muito jovem eu sonhava em levar uma vida de aventura, em viajar de país em país. Ao olhar imagens de monumentos, templos e atrações antigas, pensava em como seria incrível conhecê-los pessoalmente.

Mais tarde, durante a faculdade e em empregos em escritórios, sentia-me cansada e sem energia. Pensava: *"Será que é só isso que a vida tem para oferecer? Passar o dia inteiro sentada em um cubículo, falando ao telefone e olhando para o computador?"* Adorava minhas minipausas, quando saía e ia me sentar em um banco para sonhar em viajar pelo mundo. No fundo do meu coração eu sabia que de alguma forma aquilo iria acontecer e me imaginava trabalhando em lugares exóticos, viajando constantemente pelo mundo. Mal sabia eu, na época, que o meu desejo iria se realizar. Comecei a ler *O Segredo* e, aos poucos, a praticar o que ia aprendendo.

Acabei largando meu emprego, mas após alguns meses comecei a ficar desanimada porque ninguém estava contratando pessoas para viajar pelo mundo. Então, um dia, uma amiga que também estava desempregada me falou sobre uma vaga que um ex-colega de trabalho seu tinha lhe oferecido. O trabalho consistia em viajar em vários navios de cruzeiro, fazendo venda direta de joias de alta qualidade. Assim que ela acabou de falar, eu disse: "Esse é o emprego dos meus sonhos!"

Um mês depois, estava viajando pelo mundo. Fazia de graça o que muitas pessoas pagam um dinheirão para fazer. Dormia em cabines de passageiros, convivia com os hóspedes e usava joias caras – tudo para o trabalho! Nos portos, sempre tinha folga, e viajei por toda a América do Sul e Central, Caribe e Mediterrâneo. Finalmente pude ver ao vivo as atrações que tinha descoberto tantos anos antes nos livros. Fui até mesmo ao Egito ver as pirâmides!

O que realmente me fez acreditar no Segredo foi quando, nesse cruzeiro para o Egito, pedi ao Universo que me permitisse ganhar uma determinada quantia em comissões. Queria que fosse um número estranho, mas do qual eu conseguisse me lembrar. O número mágico foi 5.432 dólares. Eu pensava nesse número noite e dia e me imaginava recebendo um cheque dessa quantia. Minha comissão nesse cruzeiro em particular foi: 5.400 dólares. Desde então, acredito 100%.

~ *Angie*, Fort Lauderdale, Flórida, EUA

Certifique-se de que Suas Ações Estão Sintonizadas com Seus Desejos

Quando quiser atrair alguma coisa para sua vida, certifique-se de que suas ações não contradigam seus desejos. Pense naquilo que pediu e certifique-se de que suas atitudes espelham aquilo que espera receber. Abrir espaço para receber seus desejos é uma forma de mandar esse poderoso sinal de expectativa.

COMO VENDER UMA CASA

Quando fui morar com meu namorado, aluguei meu apartamento e, na época em que o inquilino saiu, decidi vendê-lo. O valor do imóvel tinha aumentado bastante desde que eu o comprara e meu namorado concordou que deveríamos colocá-lo à venda e transferir o apartamento dele para o nome de nós dois.

No início, tive certeza de que ele seria vendido muito depressa. Eu praticava O Segredo desde o início do ano, e pensei que, se eu quisesse o suficiente, aquilo iria acontecer. Mas as semanas foram passando e o apartamento não era vendido. Entrei no site de O Segredo em busca de inspiração. Foi então que me dei conta: minhas ações não estavam refletindo meus desejos. Eu queria vender o apartamento, mas na verdade não estava fazendo nada para que aquilo acontecesse! Não fora até lá desde que o inquilino saíra, pois havia começado a considerar o imóvel um estorvo, coisa que, claro, garantia que ele continuasse a ser um estorvo.

Depois de entender isso, fui ao apartamento, certifiquei-me de que ele estava atraente para os compradores em potencial e me reuni com vários outros corretores para ter certeza de que ele estava sendo oferecido pelo preço certo.

Uma grande dica que encontrei no site foi pensar em tudo que amava em relação à casa, agradecer a ela e então imaginar um novo comprador vivendo feliz ali. Depois de ler isso, fui me sentar no apartamento e agradeci a cada cômodo pelas lembranças felizes, expliquei por que o vendia e tive uma visão muito clara de um novo comprador muito animado com a perspectiva de morar lá.

Outra técnica que ajudou foi segurar as chaves na mão, me imaginar entregando-as para o novo comprador e, ao guardá-las, dizer “Obrigada pela venda” até sentir que havia me desapegado do apartamento e que ele já estava vendido.

Poucas semanas após iniciar essas práticas, recebi propostas competitivas, ainda que o mercado estivesse muito ruim, e na verdade acabei vendendo por mais do que esperava. Assim que recebi a proposta, pensei: *"Eu queria muito que o comprador ficasse com a mobília também, para nos poupar de ter que transportá-la."* E sabem de uma coisa? Ele ficou!

Meu namorado é hoje meu marido e atualmente estamos vendendo nosso apartamento e nos mudando para uma casa porque esperamos um bebê – ajudei a atrair tudo isso usando os princípios do Segredo!

~ *Rebecca*, Londres, Inglaterra

Na próxima história, os integrantes de uma banda também agiram de um modo que reforçou seus desejos quando estavam fazendo um show ao qual temiam que ninguém fosse.

CADEIRAS VAZIAS

Faço parte de uma banda celta. Estamos ficando mais conhecidos, mas na época desse acontecimento ainda não éramos. Íamos fazer um show beneficente em uma cidade bem pequena. Havíamos nos juntado a outra banda e estávamos apavorados com a possibilidade de que ninguém aparecesse para assistir à apresentação. Já havíamos tentado nos apresentar lá anteriormente e só quatro pessoas tinham dado as caras. Além do mais, havia vários eventos grandes na região na mesma noite. Gastamos dinheiro para organizar o show e o divulgamos como um evento beneficente para o corpo de bombeiros, de modo que havia muita coisa em jogo.

Uma semana antes, tínhamos vendido apenas seis ingressos. Eu não parava de imaginar uma plateia minúscula e sabia que precisava mudar meus pensamentos imediatamente. Rezei pela capacidade de ACREDITAR que as pessoas iriam aparecer. Na mesma hora, tive a ideia de ir eu mesmo à cidadezinha para pregar mais cartazes, muito embora outros membros da banda já tivessem colado diversos. Assim, numa manhã chuvosa, fui de carro até lá. Espalhei outros cartazes, mas, mais importante ainda, impregnei o lugar com minha positividade de que as pessoas iriam aparecer.

No dia do show, continuávamos com apenas seis ingressos vendidos. Pusemos 96 cadeiras e um colega da banda riu dizendo que iríamos tocar para cadeiras vazias. Sorri e falei: "A gente vai precisar de mais cadeiras." Eu acreditava mesmo nisso.

Então, uma hora antes do show, as pessoas simplesmente começaram a chegar. Nosso público foi de 96 pessoas sentadas e mais algumas em pé. Foi uma ótima apresentação, e conseguimos arrecadar o dinheiro para o corpo de bombeiros. Foi mesmo mágico!

~ *Kathy,* São Francisco, Califórnia, EUA

Quando você agir para receber do Universo, vai ter a sensação de que está fluindo com a corrente. Não haverá esforço algum. É essa a sensação da ação inspirada e de estar no fluxo do Universo e da vida.

Pense bons pensamentos.

Fale boas palavras.

Pratique boas ações.

Três passos que vão lhe trazer mais do que você é capaz de imaginar.

– Ensinamentos Diários de O Segredo

Chaves para a Riqueza

- *Você não pode acrescentar coisa alguma a sua vida concentrando-se na falta. Para atrair mais dinheiro, concentre-se na abundância.*
- *Inverta a balança dos seus pensamentos de falta de dinheiro para dinheiro mais do que suficiente.*
- *Faça listas das coisas que vai comprar com o dinheiro.*
- *Imagine-se gastando dinheiro com as coisas que você quer. Diga a si mesmo: "Eu tenho dinheiro para isso."*
- *Não faça do dinheiro seu único objetivo, mas torne seu alvo aquilo que você quer ser, fazer ou ter.*
- *Crie um mural de visualizações e preencha-o com imagens da vida que você quer ter.*
- *Para ajudá-lo a acreditar na abundância, baixe um cheque do Banco do Universo (www.thesecret.tv/check).*
- *Certifique-se de que suas ações estão espelhando aquilo que espera receber.*

- *Não podemos atrair nada para nós mesmos a menos que sintamos gratidão pelo que já temos.*

- *Gratidão é riqueza. Sinta-se grato pelo que você quer antes de receber.*

- *Felicidade traz dinheiro.*

Se você se vir numa situação negativa com alguém na sua vida, reserve alguns minutos por dia para sentir, no seu coração, amor por essa pessoa e então libere esse amor para o Universo. O simples fato de fazer isso ajuda a remover qualquer ressentimento, raiva ou negatividade em relação à pessoa.

Lembre-se de que sentir ressentimento, raiva ou qualquer outra emoção negativa atrai isso de volta para você. Sentir amor atrai amor de volta. Você trará para si mesmo aquilo que sente pelo outro.

– Ensinamentos Diários de O Segredo

Como Usei O Segredo para Mudar os Relacionamentos

O amor é a emoção mais elevada e poderosa que você é capaz de sentir. O simples fato de sentir amor pode, por si só, transformar os relacionamentos da sua vida. Seu potencial de gerar sentimentos de amor é ilimitado e, quando você ama, está em completa e absoluta harmonia com o Universo. Ame tudo que puder. Ame todo mundo que puder. Concentre-se apenas em coisas que você ama, sinta amor e vai experimentar esse amor e essa alegria voltando para você... multiplicados!

Atraindo o Parceiro Perfeito

Se você quiser conhecer seu parceiro perfeito, certifique-se de que suas ações estão refletindo o que espera receber. O que isso significa? Significa fazer o que você faria se estivesse nesse relacionamento *agora*.

PARA TODAS AS SOLTEIRAS

Aos 27 anos, eu era mãe solteira havia mais de três anos. Sentia uma solidão desesperadora e queria muito estar com um parceiro legal e amoroso. Após atrair alguns sapos, desisti e continuei suportando a solidão.

Certo dia, eu estava procurando uma rua específica no centro de Londres quando topei com uma loja de vestidos de noiva. Fiquei fascinada por um vestido num manequim na vitrine e entrei na loja para ver mais de perto. A vendedora insistiu para que eu o provasse, e caiu tão bem em mim que acabei comprando. Já na rua, após alguns passos, me dei conta de que tinha comprado um vestido de noiva sem que houvesse qualquer motivo para imaginar que alguém fosse me pedir em casamento. Eu nem sequer tinha namorado, fazia anos que não saía com ninguém. Fiquei me sentindo uma boba.

Enquanto continuava procurando pelo endereço ao qual pretendia ir, fui parada por um homem mais ou menos da minha idade, que por acaso buscava o mesmo endereço. Ele era igualzinho ao ator Michael Ealy, cujo retrato eu tinha no descanso de tela do meu computador. Continuamos a procurar o endereço juntos e o que aconteceu em seguida todo mundo sabe.

Quatro meses depois, fomos morar juntos e hoje somos casados. A coisa toda é surreal para mim. Nós rimos juntos todo dia, ele me ama e eu o amo. Tudo que eu sempre quis encontrei nele. Simplesmente não consigo expressar com palavras o que sinto.

Não estou pedindo que todas as mulheres solteiras comprem um vestido de noiva se estiverem sem namorado, mas estou pedindo a todas vocês que ACREDITEM!

~ *Zee*, Londres, Inglaterra

Ao comprar o vestido, Zee agiu *como se* fosse se casar, muito embora, na época, não fizesse a menor ideia de *como* isso iria acontecer. Sua ação foi dizer que *ia* se casar, e consequentemente o Universo entregou o que ela pediu: alguém com quem se casar! Que ação você pode praticar para dizer que já recebeu seu parceiro perfeito?

Que tal abrir espaço no seu armário para as roupas do seu parceiro? Que tal pôr a mesa para dois em vez de para um? Ou abrir espaço na sua cama dormindo de um lado só em vez de no meio e deixar duas escovas de dentes no banheiro? Há infinitas maneiras criativas de você agir para mostrar ao Universo que está pronto para receber.

Mude seu Pensamento para Mudar sua Vida

> *Em cada circunstância e momento da sua vida existem dois caminhos disponíveis: o positivo e o negativo, e quem escolhe qual vai seguir é VOCÊ.*
>
> **– Ensinamentos Diários de O Segredo**

Você pode mudar qualquer situação negativa em sua vida, e o modo de fazer isso é mudando a forma como pensa sobre ela. Na próxima história, Tammy tinha praticamente desistido de acreditar que algo como o amor verdadeiro ainda existisse nos dias de hoje. Depois de ler *O Segredo* e de assistir ao filme, porém, decidiu mudar sua forma de pensar e procurar o lado positivo em tudo.

NUNCA DESISTA DO AMOR

Quando fui apresentada a *O Segredo*, em 2006, estava num casamento ruim e tinha quase desistido do amor. Acreditava firmemente que todas aquelas pessoas que eu via e que diziam estar apaixonadas estavam só atuando em público e que a realidade das suas vidas provavelmente era meio parecida com a minha.

Nem sempre me senti assim. Fui criada em uma casa com muito amor. Após 41 anos de casamento, meus pais ainda fazem carinho um no outro e se beijam sem ligar para quem está olhando. Meus avós de ambos os lados eram os casais mais dedicados que já vi. Mas me convenci de que relacionamentos como esses não existiam mais. Acreditar nisso era mais fácil do que reconhecer a verdade em relação ao meu casamento.

Depois de assistir ao filme *O Segredo*, fui correndo comprar o livro. Estava decidida a me esforçar ao máximo para mudar minha forma de pensar. Comecei com coisas pequenas e todos os dias lembrava a mim mesma de ver o lado positivo de tudo. Recomecei a escrever, algo que tinha parado de fazer à medida que o meu casamento ia ladeira abaixo. Escrevi minha primeira história romântica. Queria ver se conseguia escrever sobre algo que eu realmente desejava – o amor verdadeiro – e ao fazer isso me convencer de que ele ainda existia.

Então, quando me separei de meu marido e voltei a estudar para realizar o sonho de toda uma vida de me formar professora, minha vida se tornou muito movimentada, de um jeito bem agradável, e praticamente esqueci o livro.

Cerca de um ano depois, conheci um homem maravilhoso e soube que estava me apaixonando. Ele morava nos Estados Unidos e eu, no Canadá, mas, após algum tempo, decidimos ficar juntos.

Quando já estávamos juntos havia alguns meses, contei a ele sobre o livro que começara a escrever. Fazia um tempinho que não pegava no texto e quase esquecera os principais elementos da trama, inclusive os nomes dos personagens. Com o incentivo dele, no entanto, retomei-o e comecei a lê-lo outra vez. Meu coração parou quando percebi que o parceiro que eu dera à personagem principal (na verdade o meu alter ego) era como meu novo namorado! Meus olhos se encheram de lágrimas quando me dei conta de que eu literalmente havia escrito aquela pessoa na minha vida.

Mas a história não acaba aí. Antes de me separar, eu também criara um mural de visualizações com os lugares e experiências que queria trazer para minha vida. O único objeto material no mural era a imagem de um anel de safira e diamante que eu vira numa revista. Quando meu namorado me pediu em casamento, foi no lugar exato em que meus avós tinham se casado 66 anos antes e o anel que ele pôs no meu dedo era exatamente igual ao do meu mural de visualizações.

Hoje moro na Califórnia e em breve me casarei com o homem mais maravilhoso que já conheci. O Segredo continua sendo uma força que me guia e entendo que tudo que a vida tem a oferecer está ao meu alcance, contanto que eu acredite nisso.

~ *Tammy H.*, Fullerton, Califórnia, EUA

Para Tammy, a chave foi escrever a história romântica, pois ao escrever ela completou os dois primeiros passos do Processo Criativo: Pedir e Acreditar. Faltava só o momento perfeito para ela Receber o amor verdadeiro sobre o qual havia escrito.

Escrever ou manter um diário é um ótimo modo de usar o Processo Criativo – seja para o que for. Se você quiser atrair o parceiro perfeito para sua vida, pode descrever exatamente como essa pessoa é e como é o seu relacionamento com ela. Pode incluir aquilo de ele gosta e aquilo de que não gosta, suas preferências e hobbies, seu histórico familiar e qualquer outra coisa que seja importante para você. Também pode fazer uma lista com pelo menos 100 coisas que descrevam o seu parceiro perfeito. Depois é só relaxar e observar como o Universo orquestra uma pessoa para fazer seus desejos se encaixarem na sua vida.

AMOR VERDADEIRO, DO NADA!

Depois de assistir duas vezes ao filme *O Segredo* e de ler o livro, comecei a aplicar os conceitos no meu cotidiano, anotando o que eu desejava e sentindo gratidão. Estava fazendo todas as coisas certas. Havia uma coisa, porém, que eu não fazia certo, e o Universo me mostrou o que era.

Eu morava em Atenas quando conheci o cara perfeito para mim. Pensei que fosse ele. Estávamos juntos havia quatro meses quando aos poucos, dia após dia, ele começou a sumir. No começo não perguntei nada porque não queria cobrar. Mais tarde, se uma semana se passava sem que tivesse notícias, eu perguntava, e a resposta dele era: "Relaxe, não é nada." É claro que eu tinha mil pensamentos ruins, mas nunca obtinha nenhuma resposta. Até que ele sumiu de vez. Não atendia minhas ligações, não respondia às minhas mensagens de texto, nada. Como eu via o carro dele pela cidade, sabia que estava bem, e outras pessoas o viam circulando (não havia uma terceira pessoa envolvida). Fiquei chateada. Fiquei com raiva. Estava a ponto de catar meus caquinhos e me mudar de volta para os Estados Unidos.

Continuei a ler *O Segredo* para tentar entender. E finalmente entendi. Eu estava fazendo tudo que o livro dizia para fazer. Foi esse o meu erro. Eu estava *fazendo* – e não *sentindo*. Fazia tudo como se fosse uma lista de afazeres, como uma menina modelo. *Errado*. Você precisa *sentir*. Sinta o que está fazendo; permita que isso faça parte do que você é. Quando meus olhos enfim se abriram para esse fato, aumentei meu nível de exigência. Decidi que qualquer cara que quisesse estar na minha vida teria que *superar* os meus padrões. Ponto. Eu nunca me contentaria com ninguém nem com nada menos do que isso.

Eu dava aulas de dança numa escola do meu bairro. Entre uma aula e outra, meus colegas e eu muitas vezes nos sentávamos nos degraus em frente ao prédio para conversar e às vezes alguns alunos vinham se juntar ao grupo. Isso me irritava, pois eles atrapalhavam nossa conversa. Assim, quando um deles chegou e disse "Vou pegar uma limonada, vocês querem um pouco?", eu pensei, mas não falei: "Não, a gente quer que você vá embora."

Quando ele voltou, sentou-se ao meu lado e começou a falar sobre as viagens que tinha feito. Não participei muito da conversa, mas o que ele disse foi interessante.

Para resumir essa longa história, na sexta-feira (dois dias depois) eu estava em uma boate do outro lado de Atenas e por coincidência ele também estava lá (foi Deus quem planejou).

Então nós dançamos e conversamos bastante. Ele me chamou para sair e eu aceitei. Nosso primeiro encontro foi no sábado. No domingo, viajamos para acampar por três dias. Hoje, faz seis anos que estamos juntos, estamos casados e felizes há três e temos uma filha de 2 anos. Isso é O Segredo.

~ *Evangelia K.*, Atenas, Grécia

Como Evangelia descobriu, quando você consegue completar o Processo Criativo do que quer, não há como impedir o Universo de lhe entregar aquilo que pediu.

Você pode transformar sua vida num paraíso, mas o único jeito de fazer isso é transformar o seu interior num paraíso também. Não existe outro jeito. Você é a causa; sua vida é o efeito.

– Ensinamento Diário de O Segredo

Não importa quanto tempo você esteja num relacionamento supostamente negativo e não consiga imaginar como seria possível esse relacionamento específico se transformar em algo positivo – acredite, é possível! Você pode transformar qualquer relacionamento negativo em sua vida, e o modo de fazer isso é mudar o jeito como você vê a pessoa. Procure e valorize as coisas positivas na outra pessoa e o relacionamento vai mudar. Você – e só você – pode fazer isso acontecer.

RECONCILIANDO-ME COM MEU PAI

Quando meus pais se divorciaram, meu relacionamento com meu pai sofreu uma mudança drástica: de próximo e seguro, tornou-se cheio de amargura e raiva. Passei 25 anos acreditando que não havia jeito de me reaproximar de papai – até que minha mãe me deu o DVD de *O Segredo* e minha vida mudou para sempre.

Nas três primeiras vezes em que vi o filme, eu chorei. Pela primeira vez, senti que havia esperança em todas as áreas da minha vida. Comecei a me visualizar tendo um relacionamento muito positivo com meu pai. Então, do nada, ele me convidou para ir visitá-lo. Foi maravilhoso redescobrir nosso vínculo pai-filha. Foi um milagre que eu nunca pensara ser possível. Hoje meu pai e eu somos próximos outra vez.

Não consigo encontrar palavras para descrever quanto O Segredo é incrível e fantástico. Ele transformou uma situação sem esperança em uma enorme bênção. Espero que outras pessoas ao redor do mundo descubram a esperança que O Segredo proporciona a todos nós.

~ *Amy*, Magnolia, Arkansas, EUA

Na próxima história, Glenda também pôde descobrir a alegria de curar um relacionamento com sua mãe, de quem era distante, quando começou a se concentrar no que amava e apreciava na mãe em vez de focar nas diferenças que haviam surgido entre as duas.

PARA MINHA QUERIDA MÃE

Durante toda a minha vida, uns 40 e poucos anos, nunca me senti conectada à minha mãe. Quando eu era adolescente, tínhamos muitas discussões sérias e, conforme fui crescendo, nunca me senti próxima dela. Em vários momentos cheguei até a parar de falar com ela.

À medida que minha mãe foi ficando mais velha e começou a perder a visão, senti que precisava restaurar nosso relacionamento.

Depois de ler *O Segredo*, estava escrevendo algo sobre

gratidão e resolvi anotar todas as coisas pelas quais me sentia grata a minha mãe: os lindos vestidos que ela costurava para mim quando eu era pequena, os deliciosos legumes e verduras que cultivava para todos nós, o modo como sempre cuidou de nosso imenso jardim, e assim por diante. Ao reconhecer essas coisas, senti imensa gratidão por todo seu trabalho duro e seu cuidado ao longo dos anos.

Depois disso, escrevi no meu caderno: "Quero um relacionamento feliz, calmo e de confiança com mamãe." Escrever isso me fez experimentar um sentimento de paz renovado em relação a ela. Na verdade, não nos falávamos havia mais ou menos um ano, e decidi ir visitá-la.

Quando a vi, tudo entre nós havia mudado. Não houve tensão nem constrangimento. Contei-lhe algumas dificuldades que eu enfrentara e ela, que nunca tinha me abraçado até então, ofereceu-me abraços, amor e apoio. Jamais havia experimentado esse tipo de amor materno. Foi realmente um momento especial.

Agora telefono para mamãe toda semana e conversamos do modo que eu sempre quis. Simplesmente existe um amor entre nós que sou incapaz de descrever com palavras.

~ *Glenda,* Nova Zelândia

Quando você faz um esforço deliberado para procurar coisas que ama e valoriza, mais do que reparar em coisas negativas, um milagre acontece. A partir desse estado positivo de amor e valorização, o Universo inteiro parece estar fazendo tudo por você, movendo tudo que é alegre até você e levando todas as pessoas boas até você. E, na verdade, está.

Desapegue-se e Viva

Às vezes é difícil se libertar de crenças negativas, em especial se elas estiverem associadas a um relacionamento na sua vida, como foi o caso de Sabrina.

A CURA PELO PERDÃO

Fui vítima de maus-tratos na infância; era minha mãe quem espancava a mim e a meus irmãos menores. Eu era a mais velha, então, quando qualquer um de nós fazia alguma besteira, a punida era eu. Durante os 15 primeiros anos da minha vida, experimentei diariamente a violência física e psicológica.

Quando eu estava com 13 anos, durante um de seus ataques físicos, minha mãe enfiou o joelho nas minhas costas para me imobilizar enquanto me batia. Em consequência disso, sofri por anos de dor nas costas.

Dois anos depois desse incidente, fui morar com meu pai e sua nova namorada. Minha irmã menor e eu estávamos fora de casa, brincando com os cavalos, e acabamos as duas levando um coice nas costas que nos fez voar pelos ares. Uma semana mais tarde, meu irmão mais novo puxou para trás a cadeira em que eu ia me sentar e caí de costas – outra vez. Meu cóccix se deslocou 1,5 centímetro.

Passei anos indo ao médico, pois não conseguia entender por que ainda sentia dor nas costas. Por fim, o médico disse que talvez isso tivesse algo a ver com os problemas do passado, mas que o peso dos meus seios grandes também poderia estar fazendo piorar a dor. Como eu me recusava a me submeter a uma cirurgia redutora das mamas, simplesmente me resignei a sentir dor.

Depois de ler *O Segredo*, tomei a decisão de perdoar minha mãe e tocar minha vida.

Certo dia, quando estava sentada no sofá meditando, vi minha mãe na minha frente, fui até ela e lhe dei um abraço. Enquanto a segurava em meus braços, disse que a amava e que queria perdoá-la e deixar o passado para trás. "Agora entendo que você fez o melhor que pôde com o conhecimento e a experiência que tinha", falei. Repeti várias vezes: "Eu te amo e te perdoo." Comecei a chorar e deixei as lágrimas rolarem pelo meu rosto. Passei muito tempo sentada meditando e simplesmente perdoei. Eu estava dizendo: "Eu te amo e deixe a Pequena Sabrina dentro de mim chorar quanto quiser." Foi uma das coisas mais assustadoras e ao mesmo tempo mais lindas que já me aconteceram.

Após essa experiência, eu disse a meu pai e a minha madrasta que perdoara minha mãe e deixara o passado para trás. Nessa noite, minha dor nas costas desapareceu e nunca mais voltou. A única atitude que tomei para que ela fosse embora foi perdoar minha mãe.

~ *Sabrina*, Dinamarca

O fato de Sabrina ter usado a visualização e a meditação tornou possível para ela começar a pensar positivamente na mãe, o que não só a ajudou a se libertar de qualquer dor emocional do seu antigo relacionamento, mas também a superar a dor física. Quando você muda a maneira como pensa sobre uma situação, tudo relacionado a essa situação muda também.

Quanto Mais Você Dá, Mais Você Recebe

Dar abre a porta para receber.

Ofereça palavras gentis. Dê um sorriso. Proporcione valorização e amor.

Há muitas oportunidades para você dar e, dessa forma, abrir a porta para receber.

– **Ensinamentos Diários de O Segredo**

O PRESENTE

Comecei a ler *O Segredo* no aeroporto, numa noite em que voltava para casa após uma viagem a trabalho. No avião, tinha chegado à parte em que os leitores são incentivados a se imaginar dirigindo o carro dos seus sonhos. Tentei visualizar o volante com o símbolo da Jaguar, mas o logo da Porsche não parava de surgir na minha mente. Acabei me dando conta de que o carro que estava visualizando era o Porsche que meu marido sempre sonhou ter.

Criei o carro com clareza na minha mente: a cor por dentro e por fora; o exterior e o interior perfeitamente preservados; a mecânica de alta precisão. Sabia que o carro que tínhamos dinheiro para comprar era um modelo 1997. Na época, esse carro teria 10 anos e eu sabia também que a maioria dos carros com tantos anos de estrada teria muitas marcas da idade. Mesmo assim, continuei imaginando esse carro com uma década de idade como se ele fosse novinho em folha, até mesmo na quilometragem.

Enquanto visualizava isso tudo, peguei-me pensando em algo que eu desejava muito mais: retomar o relacionamento com Brandon, meu genro. A tensão e a distância tinham se interposto entre nós depois que o casamento dos sonhos da minha filha se transformou numa união cheia de percalços. Consequentemente, fazia cinco meses que ele e eu mal nos falávamos.

Eu disse a mim mesma que queria uma oportunidade para encontrá-lo sozinho, não para conversar sobre o casamento deles, mas apenas para ouvir e fazê-lo entender que eu gostava muito dele e acreditava na sua capacidade de obter sucesso.

Quando o avião pousou, estava tão animada com o que tinha lido em *O Segredo* que mal podia esperar para compartilhar com meu marido.

Na manhã seguinte, levei minha filha e meu neto para tomar café da manhã. No restaurante, minha filha recebeu uma ligação no celular e, com uma cara muito surpresa, me passou o aparelho e disse: "É o Brandon. Ele quer falar com você."

Brandon, que tinha assumido um mês antes um cargo de vendedor numa concessionária das redondezas, disse se lembrar que Ted, meu marido, falara certa vez que adoraria ter um Porsche Boxster. Então, todo animado, começou a descrever um carro muito peculiar que tinha chegado à sua loja naquela exata manhã. O carro tivera apenas um dono, excêntrico e meticuloso, que o levara para andar não mais do que dois quarteirões por dia nos últimos dez anos. Meu genro usou a expressão "carro de showroom" para descrever esse veículo, que era igualzinho ao que eu havia criado na minha mente na noite anterior. Nem preciso dizer que falei para ele não deixar ninguém se aproximar do carro e que eu logo, logo estaria lá.

Quando cheguei, era *mesmo* o carro – da cor certa, em perfeito estado de conservação e menos de 8 mil quilômetros rodados! Falei a Brandon que precisava mostrá-lo a Ted, que ficaria com certeza encantado. Ele disse ter certeza de que isso não seria problema, pediu minha carteira de motorista e foi pegar as chaves.

Ao voltar, me informou que seu gerente impusera apenas uma condição: Brandon teria que me acompanhar na viagem de duas horas e meia de ida e volta ao restaurante de meu marido.

Fiquei de fato abismada: meus dois pedidos tinham se manifestado em menos de 24 horas. Meu marido ganharia o carro dos seus sonhos e, durante aquela viagem até o restaurante, Brandon e eu curaríamos um relacionamento que era muito importante para nós dois.

Desde aquela noite no avião, dei exemplares do livro de presente para nossos melhores amigos. Fazemos anotações todos os dias em nossos Diários de Gratidão e Brandon está escutando o audiolivro no seu carro enquanto escrevo.

~ *Durelle P.*, Dallas, Texas, EUA

Alegria atrai mais alegria. Felicidade atrai mais felicidade. Paz atrai mais paz. Gratidão atrai mais gratidão. Gentileza atrai mais gentileza. Amor atrai mais amor.

– Ensinamentos Diários de O Segredo

Chaves para os Relacionamentos

- *Você pode mudar qualquer relacionamento supostamente negativo mudando a maneira como vê a outra pessoa.*
- *Procure as características que ama e valoriza nessa pessoa e o relacionamento vai mudar.*
- *Como em tudo na vida, em se tratando de relacionamentos, você precisa acreditar que já tem aquilo que quer para recebê-lo.*
- *Para atrair o parceiro perfeito para sua vida, visualize cada detalhe de como essa pessoa é e anote tudo.*
- *O que você sente por outra pessoa está trazendo para si.*
- *O simples fato de sentir amor pode transformar seus relacionamentos.*
- *Ame tudo que puder. Ame todos que puder. Concentre-se nas coisas que ama.*
- *Quanto mais você der, mais irá receber, tanto nos seus relacionamentos quanto na sua vida.*

A lei da atração é uma ferramenta poderosa para mobilizar o poder de cura dentro de nós, e pode ser usada como uma ajuda em total harmonia com todos os maravilhosos procedimentos médicos disponíveis hoje.

– Ensinamentos Diários de O Segredo

Como Usei O Segredo para a Saúde

Sei que nada é incurável. Em algum momento, ao longo do tempo, todas as doenças ditas incuráveis foram curadas. Na minha mente e no mundo que crio, "incurável" não existe. Desde o lançamento do filme *O Segredo*, fomos soterrados com histórias milagrosas de todo tipo de doença se dissolvendo no corpo das pessoas depois de elas colocarem O Segredo em prática. Tudo é possível quando você acredita.

Mude sua Mente, Mude sua Saúde

OS MÉDICOS DIZEM QUE É UM MILAGRE

Aos 24 anos, fui diagnosticado com uma doença cardíaca misteriosa e grave. Na verdade, disseram-me que a chance de ter essa doença era de uma em um milhão. Comecei a tomar alguns remédios e implantaram um desfibrilador no meu peito. A ideia da morte era minha companheira diária.

Cinco anos mais tarde, depois de um divórcio e duas cirurgias cardíacas malsucedidas, comecei a buscar respostas. Após assistir a *O Segredo* e colocá-lo em prática, iniciei uma jornada de descoberta para entender por que eu tinha essa doença no coração. Levou uns dois anos, mas finalmente encontrei um jeito novo de apreciar a vida e não senti mais necessidade de abrigar essa doença. Decidi me desapegar dela.

Eu dizia a mim mesmo: *"Um dia você vai acordar e descobrir que não precisa mais dos remédios."* Passados uns seis meses, acordei um belo dia e calcei os tênis para ir à feira. Estava quase lá quando me dei conta de que tinha esquecido de tomar os remédios para o coração. Uma voz na minha cabeça disse claramente: "É hoje o dia! Você não precisa mais tomá-los."

Desde então não tomo mais qualquer remédio, e o desfibrilador foi removido seis meses atrás.

No início os médicos hesitaram em remover o aparelho, pois não havia prova médica de como a doença tinha sido revertida, mas eles tampouco conseguiram encontrar uma prova de que a doença ainda existisse. Disseram que era um milagre e que não havia *nenhum* outro caso registrado sobre o acontecimento de qualquer coisa desse tipo.

~ *Knight A.*, Colorado Springs, Colorado, EUA

Naturalmente, a decisão de parar de tomar alguma medicação ou de encerrar um tratamento com indicação médica deve ser feita juntamente com um profissional da área. Mas o que essa pessoa e seus médicos conseguiram conquistar juntos demonstra o poder da lei da atração quando usada em conjunção com a medicina tradicional.

Crenças nada mais são do que pensamentos repetidos aos quais estão vinculados sentimentos fortes. Uma crença é quando você tomou sua decisão; o veredito já foi dado, você fechou bem a porta e jogou a chave fora, e não há espaço para negociação.

Se você desenvolveu crenças negativas relacionadas à sua saúde, volte para a mesa de negociação. Nunca é tarde demais para mudar de ideia, algo essencial se você quiser mudar sua saúde.

MEU CORAÇÃO MILAGROSO

Recebi um telefonema de um desconhecido falando sobre minha herança. Foi assim que fiquei sabendo da morte súbita e inesperada do meu pai. Ele tinha 53 anos e morreu de um aneurisma da aorta, causado por uma doença genética rara chamada síndrome de Marfan. Procurei o chefe da cardiologia do hospital Cedars-Sinai, em Beverly Hills, e descobri que também tinha a mesma síndrome.

A síndrome de Marfan é uma doença genética para a qual não há cura; com frequência resulta em morte devido a um aneurisma da aorta. Muitas vezes acomete as pessoas na juventude, em geral em torno dos 20 anos. Eu estava com 28.

Fiquei arrasada. Eu tinha um bloqueio cardíaco de primeiro grau e um sopro no coração. Precisaria de um marca-passo quando o bloqueio progredisse para o segundo grau, mas a verdadeira preocupação era minha válvula aórtica e a possibilidade de uma ruptura. Eu não poderia ter filhos. Sempre pratiquei esportes de competição, do vôlei às equipes universitárias de natação e tênis. Era muito envolvida com nutrição e boa forma. Depois dessa notícia, fiquei de fato apavorada. Enquanto antes me considerava forte e positiva, agora me via como uma pessoa fraca e frágil, com o que me diziam ser "uma bomba-relógio dentro do peito". Embora tentasse continuar a ser a pessoa positiva de sempre, no fundo da minha mente havia sempre a consciência do perigo iminente e da mortalidade da qual era impossível escapar.

Vivi com esse medo durante anos enquanto fazia acompanhamento com meu cardiologista duas vezes ao ano, até assistir a *O Segredo*. Tinha outra consulta marcada com o cardiologista por volta dessa época. Fiquei abismada com o homem que se curou do acidente de avião. Decidi ali mesmo, naquele momento, que iria curar meu coração. Acreditei nisso e soube que era possível.

Bani rapidamente todos os pensamentos negativos relacionados ao meu coração e recusei-me a deixar que eles entrassem na minha mente outra vez. Todas as noites, ao deitar, punha a mão direita sobre o coração e visualizava um coração forte. Ensaiava mentalmente meu coração batendo forte, com o aspecto e o som de um coração saudável. Todas as manhãs, ao acordar, dizia: "Obrigada pelo meu coração forte e saudável." Visualizava o cardiologista me dizendo que estava curada. Por temer julgamentos ou descrença, não contei a ninguém o que estava fazendo e adiei por uns quatro meses a consulta seguinte com meu cardiologista, de modo a me dar tempo suficiente para tentar aquilo.

Levei meu histórico médico cheio de eletrocardiogramas e ecocardiogramas antigos, que confirmavam meus problemas físicos no coração ao cardiologista. Nervosa e animada, tentei me acalmar enquanto me conectavam ao aparelho de eletro e faziam um novo exame.

O cardiologista voltou com os resultados, inteiramente perplexo. Não havia *nenhum* sinal de um bloqueio cardíaco de primeiro grau. Não havia *nenhum* sopro cardíaco. *Nenhuma* expansão na minha aorta. Ele checou e tornou a checar os exames antigos e o novo, que mostrava um coração perfeito e saudável, sem qualquer sintoma físico da síndrome de Marfan! Não tinha explicação para aquilo. O médico ficou radiante, mas eu, para ser sincera, não me espantei. Aquilo era exatamente o que eu tinha visualizado. *Saí correndo* do consultório dele em direção a meu carro, sentindo-me mais forte e mais viva do que nunca.

Liguei para minha mãe, para quem já havia comprado um exemplar de *O Segredo*, e contei a ela exatamente como havia usado suas práticas e agora tinha um coração saudável, forte e normal. Nunca a ouvi chorar tanto!

~ *Lauren T.*, Laguna Beach, Califórnia, EUA

Permita que os médicos que você escolheu façam seu trabalho e mantenha sua mente focada no bem-estar.

Tenha pensamentos de bem-estar. Fale palavras de bem-estar. E imagine a si mesmo completamente bem.

– Ensinamentos Diários de O Segredo

Um Pequeno Pensamento Positivo de Cada Vez

Todo estresse começa com um pensamento negativo. Esse pensamento não é combatido e então outros e mais outros vão chegando até que o estresse se manifesta. O estresse é o efeito, mas a causa são os pensamentos negativos, e tudo começa com um pensamento negativo pequeno. Não importa o que você tenha manifestado, você é capaz de mudá-lo... com um pequeno pensamento positivo, depois outro e mais outro.

UMA LINDA CURA

Desde que ouvi o CD de *O Segredo*, muitas coisas fantásticas aconteceram na minha vida, mas nenhuma tão fantástica quanto a cura de uma colite ulcerativa que me atormentava havia anos.

Nascida e criada em uma casa pentecostal, fui uma criança muito ansiosa, aterrorizada pela ideia do inferno e da volta de Jesus. No fundo do meu coração, eu questionava a Igreja. Se Deus é amor, como ensina a Bíblia, por que sinto tanto medo? Eu tinha medo de tudo.

Meu pai tinha colite ulcerativa e minha mãe me disse que, se eu continuasse a me preocupar com coisas inúteis, eu também teria. Aos 23 anos, recebi de fato um diagnóstico de colite ulcerativa.

Parei de sonhar e de cantar e comecei a beber muito entre meus 25 e 30 anos, quando me acomodei em um relacionamento "bom o suficiente". Foi nessa fase que a colite ulcerativa começou a se manifestar para valer.

No entanto, mesmo depois de abandonar o Sr. "Bom o Suficiente" e de esbarrar com o homem "Feito para Mim", continuei a sentir cólicas e sangrar diariamente. A essa altura, eu trabalhava em tempo integral e criava sozinha uma filha pequena e um filho adolescente problemático. Meu incrível caso de amor tornava toda a dor suportável, mas meu corpo estava ficando cansado.

Perdi o emprego e, com o amor e o carinho do meu agora marido, consegui me concentrar apenas em curar meu passado e meu corpo. Por sangrar todos os dias, estava com uma anemia grave e muito cansada. Mentalmente também me sentia bastante enfraquecida. Procurei um especialista e ele disse que eu precisaria tomar uma dose alta de anti-inflamatórios, vendidos sob prescrição médica, e fazer lavagens intestinais periódicas pelo resto da vida. Desanimada e sem esperança, entupi meu corpo de remédios e me resignei.

Mais de um ano depois, ainda sangrava quase todos os dias. Sob todos os outros aspectos, tinha uma vida incrível, perfeita, mas ainda me sentia péssima física e emocionalmente. Depois de um enorme debate comigo mesma, comprei *O Segredo*. Após cinco minutos de leitura, lágrimas de alegria já rolavam pelo meu rosto. Não conseguia acreditar que as crenças que eu nunca expressara em voz alta estavam agora sendo confirmadas.

Nesse dia, minha vida mudou. Os sintomas da colite diminuíram de imediato. Busquei no Google a imagem de um cólon saudável e comecei a visualizar aquilo em mim. Agradecia pela cura e abençoava meu corpo continuamente. Imaginava que a água era uma cura para o meu corpo. Pensei que nossos corpos são feitos em grande parte de água e que aumentar essa água seria benéfico e expulsaria qualquer bactéria nociva. Então eu bebia água e agradecia. (Foi só mais tarde, depois de ler *O Poder*, que aprendi como a água reage a um ambiente positivo.)

Continuei a escutar *O Segredo* todos os dias. Meu corpo estava se curando e eu me sentia melhor do que jamais me sentira, mas mesmo assim minha saúde ainda não estava como eu queria que estivesse. Eu ainda encontrava dificuldade para me desapegar do passado e administrar confrontos com pessoas queridas. Ainda tinha crises de ansiedade e me sentia muito frustrada por não conseguir ficar "calma e tranquila". Era dura demais comigo mesma. Possuía todas as ferramentas e estava conseguindo tudo o que queria. Por que minha saúde não era perfeita? Eu sabia que estava muito perto de conquistar saúde plena, mas ainda faltava entender alguma coisa.

Depois de seis meses escutando *O Segredo* diariamente e lendo livros sobre crescimento espiritual, cura e gratidão, comprei *O Poder* e descobri o que faltava. O que eu havia esquecido de colocar em primeiro lugar, antes de qualquer outra coisa, fora o amor. Na mesma hora me permiti amar tudo, das coisas mais ínfimas às mais importantes. Dois dias mais tarde, os sintomas da colite desapareceram.

Agora começo meus dias sentindo amor. Penso em meus parentes e amigos e lhes dou amor. Imagino-os felizes e bem-sucedidos. A maneira como o Universo reagiu me deixa estarrecida. Os confrontos cessaram. As pessoas ao meu redor se tornaram mais felizes. Não estou fazendo nada além de imaginar e sentir amor. É algo muito fácil de fazer. Agora me permito sentir amor por tudo! Dou amor para tudo e para todos.

Para mim, o mais difícil foi encontrar amor no meu passado. Quando me ocorre alguma lembrança que me causa tristeza, simplesmente procuro algo que amava na época e me permito sentir isso. Então aquele momento do passado para de me incomodar de vez.

Todas as áreas da minha vida estão melhores do que nunca. O Segredo abriu a porta para um modo de pensar e para uma vida inteiramente novos para mim. No meu aniversário, dois anos e meio depois da primeira vez que escutei *O Segredo*, os resultados de meu exame semestral mostraram que a colite ulcerativa que havia me atormentado por tantos anos não existia mais. Tudo que resta é uma cicatriz. Estou mais saudável e mais feliz do que jamais fui em toda a minha vida.

~ *Jessica T.*, Vancouver, Colúmbia Britânica, Canadá

Você não pode atrair o que deseja se estiver estressado. O estresse, ou qualquer outra tensão, precisa ser eliminado do seu sistema.

A emoção do estresse está enfatizando que você NÃO tem aquilo que quer. O estresse e a tensão são a ausência de fé; portanto, para removê-los, tudo que você precisa fazer é aumentar sua fé!

– Ensinamentos Diários de O Segredo

COMO O SEGREDO EXPANDIU MINHA VIDA

Durante a maior parte da minha vida adulta, sofri de agorafobia, transtorno de ansiedade e síndrome do pânico, e desisti de fazer qualquer coisa fora da minha zona de conforto até ler *O Segredo* e começar a me tornar extremamente positiva em relação a tudo.

Comecei com afirmações positivas todos os dias. Então parei de falar sobre o que eu não podia fazer e passei a falar apenas sobre o que podia fazer.

Por fim, depois de 33 anos sem embarcar num avião ou fazer

uma viagem internacional, levei meus filhos de 9 e 12 anos para passar duas semanas em Bali.

Deixei de ser alguém que nem sequer conseguia ir ao shopping perto de casa para me tornar uma viajante do mundo. E tudo graças a O Segredo!

~ *Karen C.*, Sydney, Austrália

Como se vê na história de Karen, as afirmações podem ajudar a superar o medo, a ansiedade e até mesmo a síndrome do pânico.

O uso eficaz das afirmações depende inteiramente de quanto você acredita nelas quando as pronuncia. Se não houver crença, a afirmação é apenas um conjunto de palavras sem poder. A crença acrescenta poder às suas palavras.

– Ensinamentos Diários de O Segredo

Não Há Nada Mais Importante do Que se Sentir Bem

Ser saudável significa ter corpo e mente sãos. Você não pode ser feliz nem saudável se sua mente estiver cheia de crenças ou pensamentos negativos. Se você conseguir manter a mente sã, vai contribuir para a saúde de seu corpo.

Um jeito simples de manter a mente sã é não acreditar em pensamentos negativos. Independentemente do que esteja acontecendo em sua vida, direcione sua mente para pensamentos positivos de beleza, amor, gratidão e alegria, dando a seu corpo o remédio de que ele precisa.

ALERTA

Minha vida sempre girou em torno da saúde. Por quase 40 anos, pratiquei meditação profunda, fiz exercícios, comi as comidas "certas" e dormi oito horas por dia. Assim, tanto eu quanto minha médica ficamos bastante chocadas quando recebi um diagnóstico de câncer de mama aos 59 anos.

Depois disso, passei dias dominada pelo medo paralisante que muitas vezes sucede um diagnóstico desses. Então "coincidentemente" vi um artigo no jornal sobre *O Segredo*. Encomendei o CD e comecei a escutá-lo – no carro, quando ia me deitar, enquanto passeava com o cachorro. Percebi que trabalhar o tempo todo e não aproveitar a vida, como meu marido e eu vínhamos fazendo, *não* era motivo de orgulho, de modo que nos sentamos e revisamos as prioridades de nossa vida para criar mais equilíbrio.

Em seguida devolvi todos os livros sobre câncer que amigos bem-intencionados tinham me dado e parei de pesquisar sobre a doença na internet. Eu precisava deixar de me identificar com pacientes de câncer de mama. Em vez disso, durante meus passeios diários, comecei a dizer em voz alta: "Estou repleta de uma saúde radiante! Obrigada, obrigada, obrigada!" No chuveiro, imaginava todas as minhas células em perfeita harmonia umas com as outras, todos os sistemas integrados, todos os tecidos saudáveis. Agradecia o dia inteiro por tudo – desde a hora em que acordava até o momento de ir para a cama dormir, repetindo vezes sem conta quão saudável eu estava.

Sabia que precisava de umas seis semanas para aquilo funcionar e, como o hospital tinha dito que ligaria para marcar a cirurgia dali a poucos dias, também usei O Segredo para criar mais tempo para me curar. Fiquei repetindo "Eu tenho todo o tempo de que preciso para me curar" e o

Universo escutou! Ninguém me telefonou, e depois de cinco semanas e meia finalmente eu mesma liguei para o hospital. Alguém tinha perdido a minha papelada; dá para acreditar?

A essa altura, eu mal conseguia sentir qualquer caroço!

Depois da cirurgia, a médica disse a meu marido que tinha sido complicado, pois ela não conseguia encontrar o tumor e teve de mandar várias amostras suplementares de tecido para o patologista para garantir que havia encontrado o ponto certo! *Ninguém* conseguia explicar por que o tumor tinha encolhido tanto. Mas eu consigo!

Hoje vivo a vida aproveitando cada minuto e, embora não queira passar por nada disso outra vez, sou muito mais feliz por ter aprendido sobre o poder dos pensamentos e as escolhas maravilhosas que podemos fazer em relação às nossas vidas.

~ *Carol S.*, Syracuse, Nova York, EUA

Como Carol descobriu, a cura pela mente pode funcionar em harmonia com a medicina. Quando você faz algum teste ou tratamento, imagine o resultado que quer e sinta que já o recebeu. Quando Carol fez a cirurgia, ela já tinha usado

O Segredo para estabelecer sua crença total num desfecho positivo – e foi exatamente isso que o Universo lhe entregou.

O impacto do estresse e dos pensamentos negativos no nosso corpo físico, por um prolongado período de tempo, resulta em doença. Há duas abordagens para modificar os pensamentos negativos. Podemos decidir inundar nosso corpo com pensamentos positivos e afirmações sobre saúde, o que impede os pensamentos negativos de existirem. Ou podemos escolher não nos identificar com os pensamentos negativos. Quando não recebem nossa atenção, eles perdem energia e se dissolvem na hora. As duas abordagens funcionam e ambas consistem em não dar atenção alguma àquilo que você não quer. E não é esse O Segredo, no fim das contas?

Na história a seguir, Tina sabia que seus pensamentos negativos precisavam ser descartados se ela quisesse atrair a saúde que desejava.

EU ME TORNEI INVENCÍVEL

Eu tinha 32 anos e era recém-divorciada quando recebi um diagnóstico de menopausa precoce. Ainda me lembro do médico tentando me acalmar enquanto murmurava para si mesmo: "Nunca vi isso acontecer com alguém tão jovem." Passei dias, semanas, meses chorando, pois sabia que nunca seria mãe. Foi devastador. Não existem palavras para descrever a minha dor e a jornada que tive de enfrentar. Não havia cura, tampouco qualquer recomendação do médico. Acredite em mim: viajei o mundo inteiro tentando encontrar uma cura, um motivo, um jeito de voltar no tempo e trazer de volta meu ciclo menstrual normal e regular. Tentei remédios com ervas, acupuntura, pílulas anticoncepcionais, terapia hormonal. Citem o que quiserem, eu já experimentei.

A verdade é que, lá no fundo, eu não estava surpresa. Sempre fui uma pessoa muito negativa. Antes de receber a notícia, ouvira histórias sobre mulheres de 30 e poucos anos com diagnóstico de menopausa e sempre tivera medo de que acontecesse comigo. Regra de ouro de O Segredo: se você se preocupa com alguma coisa, essa coisa vai acontecer.

Depois de cinco anos tentando um remédio atrás de outro e um médico atrás de outro, algo pior aconteceu. Por estar envelhecendo depressa, passei a ter pressão alta e deficiência de cálcio. Sempre que andava muito, sentia dores nas rótulas dos joelhos. Também precisei começar a tomar remédio para a pressão. Tinha só 36 anos, mas me sentia com 63. Na verdade, acordava todos os dias pensando que provavelmente iria morrer bem jovem. Vivia deprimida.

Casei-me outra vez e meu marido teve muita paciência com meus altos e baixos emocionais. Incentivou-me a sair, fazer exercícios e ter uma alimentação saudável. Em determinado momento, decidi parar de tomar os hormônios, só para dar uma trégua ao meu organismo.

Um dia, depois de parar todos os hormônios, entrei numa livraria e vi *O Poder*. Já tinha lido *O Segredo*, mas dizia a mim mesma que de nada adiantava segui-lo. Por algum motivo, porém, uma voz forte me dizia que aquele livro seria minha única esperança e minha única cura. Além do mais, se nenhum dos tratamentos estava dando certo, talvez eu devesse ser minha própria médica e me tratar de um jeito diferente.

Li o livro e fui fisgada na mesma hora. Comprei o audiolivro e passei a escutá-lo todos os dias – no metrô, fazendo compras, andando na rua, nas noites insones. Sempre que escutava que eu deveria ser capaz de fazer qualquer coisa e alcançar qualquer objetivo na vida, eu chorava.

Então comecei a praticar o pensamento positivo e a imaginação. Imaginei-me tendo vasos sanguíneos normais e fortes. Imaginei-me livre da obrigação de tomar remédio e, mesmo assim, tendo uma pressão sanguínea normal e saudável. Imaginei-me correndo para lá e para cá sem qualquer dor nos joelhos. E imaginei-me tendo um ciclo menstrual normal.

Pela primeira vez na vida, passei a sentir amor em todos os momentos. Não ficava mais deprimida com pequenas coisas. Sentia-me abençoada e feliz por estar cercada de pessoas que amo e lugares que aprecio.

Três meses depois, parei de tomar todos os remédios. Passados outros vários meses sem qualquer medicação, minha pressão se manteve normal. Meus joelhos já não doíam e, o mais inacreditável de tudo, minha menstruação voltou.

Muito obrigada a toda a equipe de *O Segredo* por ter me dado força para superar os desafios da vida. Vocês me fizeram acreditar que sou forte, que mereço tudo e que sou Invencível.

~ *Tina*, Hong Kong

Não é incrível saber que, para melhorar sua saúde, basta voltar sua mente em direção a ela? Deixe-se levar pelos pensamentos positivos. Deixe que imagens positivas de saúde preencham sua mente e seu corpo. Faça do sentir-se bem e da alegria o seu foco e, quando se voltar em direção a esses sentimentos, saiba que terá virado as costas para o seu oposto.

Recebendo a Dádiva da Vida

Recebemos muitas histórias de mulheres que tinham perdido todas as esperanças de ter um filho, mas que, depois de ler *O Segredo* e pôr seus princípios em prática, conseguiram conceber. Eu acredito que o que essas histórias indicam é que não existem casos "perdidos" e que usar as práticas contidas em *O Segredo* pode criar desfechos positivos em qualquer situação.

ABENÇOADA COM MINHA LINDA BEBÊ

Minha história começa quando me casei com meu grande amor. Nossa prioridade era nos estabilizar para depois trazer uma criança para nossas vidas.

Quando tentamos ter um bebê, nossos planos não deram certo. Por isso decidimos ir ao médico, que nos recomendou fazer alguns exames. Passamos por vários tratamentos, mas não conseguimos encontrar o motivo de eu não conceber.

Nossos pais e amigos viviam pedindo notícias de um bebê e não tínhamos nada para contar. Meus amigos casados tinham filhos e ali estava eu rezando para ter o meu anjinho. Tornei-me muito deprimida e ansiosa.

Certo dia, meu médico me disse que, se eu não engravidasse até o fim do ano, teria de iniciar um tratamento de fertilização. Foi uma notícia devastadora. O tratamento era caro e não havia qualquer garantia de que fosse funcionar na primeira tentativa. Então uma de minhas amigas próximas insistiu para eu consultar um astrólogo, cujos conselhos poderiam ser úteis.

Meu marido e eu marcamos uma hora e esse encontro mudou minha vida. Explicamos nosso problema ao astrólogo, que me perguntou se eu tinha assistido ao filme *O Segredo*. Respondi que sim. Na verdade, tinha visto o filme vários anos antes. "Então, se você já conhece O Segredo, por que veio se consultar comigo em relação ao seu problema?", perguntou o astrólogo. "Você pode resolvê-lo sozinha." Ele nos orientou sobre como usar O Segredo e nesse dia mesmo eu me prometi que tinha o direito de conceber de forma natural.

A partir daí, meu marido e eu incorporamos O Segredo à nossa rotina.

Comprei o livro e o li com atenção. Depois de ler, toda vez que via uma grávida, agradecia a Deus por essa visão. Comecei a comprar roupinhas para a minha bebê. Passei a colecionar fotos do crescimento de bebês e a salvá-las no meu celular. Comecei a usar sabonete de bebê. Abri lugar para as roupas da minha filha no meu armário. Todos os dias, meu marido e eu agradecíamos a Deus por nosso lindo anjinho. Sempre que algum parente me perguntava sobre boas-novas, com um sorriso no rosto eu lhe respondia: "Muito em breve." Fazia tudo como se o nosso anjinho já tivesse chegado.

Nove meses depois de começar a praticar O Segredo, fiz um teste caseiro de gravidez que deu positivo. Eu havia engravidado sem nenhuma intervenção médica.

Fiquei superfeliz. Meu marido também ficou feliz por eu ter concebido sem tratamento. Minha gravidez toda correu muito bem e, nove meses depois, fomos abençoados com uma bebê linda e saudável. Muitas pessoas me diziam que meu filho seria menino, mas eu sabia, antes mesmo de engravidar, que seria abençoada com uma menina.

Para todas aquelas que estiverem com dificuldade para conceber, digo o seguinte: nunca percam as esperanças e sejam positivas. Basta pedir ao Universo e acreditar que já receberam e vocês serão abençoadas com tudo que desejarem!

~ *Samita P.*, Mumbai, Índia

Ao sentir gratidão pela gravidez de outras mulheres, Samita estava se sentindo bem em relação à gravidez, embora não estivesse grávida. Aquilo pelo que você se sente grato – aquilo pelo que se sente bem – é o que você atrai para si.

Além de sentir gratidão pela bebê que *sabia* que iria conceber, Samita incluiu em sua rotina dois outros passos extremamente importantes. Agradeceu a Deus por todas as grávidas que via e abriu espaço no armário, começando a comprar roupas para a filha.

Ao fazer isso, Samita praticou ações que a ajudaram a acreditar não só que ela teria um bebê, mas também que um bebê estava chegando *agora*! Já foi dito que o Universo detesta o vácuo e que o preenche de imediato; você pode ver que, no caso de Samita, foi exatamente o que aconteceu.

> *As coisas que chegam de modo mais rápido na sua vida são aquelas nas quais você mais ACREDITA. Você só pode atrair para si aquilo em que ACREDITA, então precisa ACREDITAR para receber o que quer.*
>
> **– Ensinamentos Diários de O Segredo**

Na próxima história, Andrea quis manifestar *duas* gestações muito desejadas usando o poder da visualização.

O PODER DA VISÃO

Era o verão de 2003. Eu estava de férias, sentada em uma praia dourada sob um sol brilhante, quando minha mãe me deu a notícia incrível de que estava grávida de seu sexto filho. Nós duas adorávamos crianças e mal podíamos esperar para ter um outro bebê em casa, já que o mais novo estava agora com 11 anos.

Três meses mais tarde, o mundo desabou à nossa volta. O bebê não apresentava batimentos cardíacos; minha mãe tinha tido um aborto espontâneo. Ficamos arrasadas.

No Natal seguinte, em 2004, nossos sonhos e pesadelos se repetiram. Minha mãe engravidou outra vez, mas perdeu o bebê aos 4 meses de gestação. Os médicos disseram que, aos 42 anos, ela estava velha demais e seus óvulos não eram fortes o suficiente. Já tínhamos perdido as esperanças e aceitado o fato de que nunca mais teríamos outro bebê em casa.

Dois anos se passaram e nós duas continuamos a ansiar por aquele bebê. Foi então que *O Segredo* entrou em nossas vidas. No início, eu estava cética. Então minha mãe me fez assistir ao DVD. Depois dos primeiros cinco minutos, fiquei vidrada – algo no meu coração e na minha mente simplesmente foi acionado e por muitas semanas não consegui parar de sorrir.

Algumas semanas mais tarde, comecei a visualizar. Tirei do armário uma velha boneca e toda noite passava de 10 a 15 minutos deitada com ela no colo, visualizando uma irmãzinha ou um irmãozinho com o coração batendo junto ao meu, envolvendo-me com seu calor e amor. Também escrevi no meu calendário que em 14 de agosto de 2007, dia em que eu completaria 17 anos, iria segurar no colo meu irmão ou irmã de verdade.

Os meses foram passando e nada aconteceu. Eu não sabia por quê, mas minha mãe tinha escrito no seu calendário que no aniversário de 50 anos de meu pai ela teria seu sexto filho.

Apenas alguns meses após começar a visualizar, lá estava eu sentada com um milagre no colo, seu coração batendo junto ao meu. Minha irmãzinha bebê é mais do que linda, mais do que perfeita, inacreditável. Ela é fé, esperança e amor; ela é o milagre da vida.

Uma outra história da minha vida mostra quão poderoso O Segredo é. Aos 20 anos, recebi um diagnóstico de problemas de fertilidade. Estava ocupada administrando o negócio que abrira aos 18, graças a informações aprendidas em *O Segredo*. Fiquei arrasada; sempre quisera ser mãe. Concentrei-me no trabalho, mas uns dois anos depois vários sinais começaram a aparecer na minha vida. Fui diagnosticada com mais problemas. Comecei a investigar as alternativas e continuei a sentir gratidão pela minha vida e pela oportunidade de amar e ensinar tantas crianças maravilhosas. Acreditava de verdade que fosse encontrar o caminho certo. Visualizei-me grávida e mãe de um bebezinho. A estrada que começou a surgir era diferente daquelas mais percorridas, mas eu sabia que era a certa para mim.

Decidi experimentar um tratamento de fertilidade e tentar conceber. Foi um caminho árduo, e foi mais árduo ainda percorrê-lo sozinha. Houve muitos obstáculos e dores, mas eu sabia que conseguiria ver a luz no fim do túnel. Continuei visualizando e me mantendo positiva, mas estava tendo uma experiência estranha. Sempre que tentava visualizar meu futuro com um filho, não conseguia. Minha mente via dois. Aonde quer que eu fosse, via gêmeos por toda parte. Tentei ignorar isso, mas a imagem mental era tão forte que decidi focar minha visualização em gêmeos. Pus uma foto de gêmeos no meu mural de visualizações e segui em frente. Meu coração disparou quando recebi a notícia de que o segundo ciclo de tratamento tinha sido um sucesso e que estava grávida, mas a melhor notícia de todas veio na ultrassonografia de 8 semanas. ERAM GÊMEOS!

Não pude acreditar. Tudo que eu havia imaginado ao longo dos meses anteriores estava se tornando realidade diante dos meus olhos. Eu não apenas seria mãe, mas seria mãe de gêmeos. Hoje cada instante que passo com meus meninos é preenchido por uma sensação avassaladora de gratidão e amor. Sinto-me muito grata por ter sido abençoada com uma compreensão genuína de que *aquilo em que você acredita, você pode conquistar.*

~ *Andrea*, Irlanda

O motivo que torna a visualização algo tão poderoso é que, conforme você cria na mente imagens nas quais se vê com aquilo que quer, está gerando pensamentos e sentimentos de ter isso agora. Está emitindo para o Universo um sinal poderoso, e a lei da atração irá captar esse sinal e devolver essas imagens para você na forma das circunstâncias da sua vida, exatamente como você as vizualizou.

Como a mente tem tanto poder para modificar o plano físico? As tradições antigas nos dizem de maneira enfática que tudo – absolutamente tudo – que percebemos no mundo físico é feito de "mente". Segundo elas, tudo que importa na verdade é a "matéria da mente", e é por isso que a mente é capaz de mudar tudo.

Curando um Filho

Às vezes a vida traz grandes desafios, e, para quem tem filhos, o maior de todos pode ser quando a saúde da criança está em risco. Os pais cujas histórias estou prestes a compartilhar com você decidiram usar a sabedoria de O Segredo para curar um filho da mesma forma que curariam a si mesmos.

TRAZIDO DE VOLTA À VIDA

Eu tinha recebido *O Segredo* de presente de uma amiga e o livro ficara parado no armário como uma leitura para o futuro. Cheguei a começar uma vez, mas fui distraída por um dos meus três filhos. Então, nessa mesma noite, estava na internet e topei de novo com *O Segredo*. E em poucos dias li o livro inteiro pela primeira vez, assisti ao DVD e comecei a escrever no meu Diário de Gratidão. Havia passado de "Isso nunca vai acontecer comigo" para "Tudo vai ser meu".

Duas semanas depois, meu marido viajou para a China a trabalho. Meu filho mais novo, Liam, que na época tinha só 7 semanas, havia nascido prematuro, com pneumonia e não passara muito bem. Dois dias mais tarde, passou a noite inteira em claro e começou a perder a cor, de modo que corri com ele para o hospital. Quando chegamos lá, Liam tinha parado de respirar. Estava muito mal. Uma punção lombar confirmou que ele tinha meningite bacteriana.

Nas horas que se seguiram, o coração dele parou de bater quatro vezes e em todas as vezes Liam teve que ser ressuscitado. A essa altura, o médico me disse que o estado dele era grave e que eu deveria dizer a meu marido para voltar para casa.

Esse deveria ter sido um momento terrível e eu deveria ter ficado histérica. Mas permaneci calma e acreditei que meu filho logo estaria bem. Na primeira noite, fiquei sentada no hospital com minha mãe esperando meu marido chegar e listando todas as coisas pelas quais me sentia grata:

Sentia-me grata pela minha presteza em levá-lo para o hospital.

Sentia-me grata pela excelente equipe que estava cuidando de meu filho.

Sentia-me grata por meus amigos, que me apoiaram enquanto meu marido voltava da China.

Nunca pensei nas coisas ruins, só nas positivas, e isso me deixou mais forte. Na verdade, à medida que minha força interior ficava mais robusta, o mesmo acontecia com a saúde de meu filho. Eu postava atualizações diárias no Facebook e, em vez de dizer como Liam estava mal, escrevia somente sobre as coisas boas que tinham acontecido no dia e pelas quais eu me sentia grata. Ao final de cada post, escrevia "O SEGREDO".

Por fim, chegou o dia em que Liam ficou bem o bastante para voltar para casa e a equipe me disse que estava chocada por vê-lo deixar o hospital em circunstâncias tão felizes. Eles tinham certeza de que Liam não passaria da primeira noite e ficaram assombrados com a minha calma. Um dos médicos perguntou: "Esse livro que eu sempre vejo a senhora segurando é uma Bíblia?" Eu lhe respondi por que estava tão calma, no que acreditava e que o livro vermelho tão surrado cuja capa já havia se perdido se chamava *O Segredo*.

Até hoje o pratico. Em geral, encerro cada noite com uma anotação rápida no meu celular, agradecendo a mim mesma pelo dia incrível e aguardando ansiosa pelo dia seguinte. Mas também escrevo no meu Diário de Gratidão.

Minha mãe me dizia: "Você quer um conto de fadas, Becky, mas isso não existe." Eu fingia acreditar nela. No entanto, todas as noites, adormecia pensando em todas as coisas maravilhosas que iriam me acontecer. Recebi quase tudo que pedi, mas também houve momentos difíceis, e só quando li *O Segredo* entendi que era eu mesma quem tinha causado tanto as coisas boas quanto as ruins na minha vida.

Meu novo eu é todo-poderoso e capaz de qualquer coisa, porque os obstáculos pertencem ao passado.

~ Rebecca D., Birmingham, Inglaterra

A gratidão, a fé e o otimismo foram as chaves para Rebecca curar seu filhinho. Mesmo quando Liam estava no pior momento da doença, ela nunca deixou de sentir gratidão.

Você já deve ter escutado as pessoas dizerem para você contar suas bênçãos; quando você pensa nas coisas pelas quais sente gratidão, é exatamente isso que está fazendo. Essa é uma das práticas mais poderosas que você poderá realizar e vai transformar sua vida por completo!

Para experimentar a gratidão profunda, sente-se e faça uma lista das coisas pelas quais se sente grato. Continue a fazer sua lista até seus olhos ficarem marejados de lágrimas. Quando as lágrimas começarem a rolar, você vai experimentar uma linda sensação tomando o seu coração e todo o seu interior. É essa a sensação da verdadeira gratidão.

– Ensinamentos Diários de O Segredo

GRAVIDEZ COMPLICADA COM FINAL FELIZ

Em janeiro de 2013, meu teste de gravidez deu positivo. Eu já tinha uma linda menina, e meu marido e eu mal podíamos esperar para aumentar a família.

Minha gravidez estava correndo de modo perfeito. Na ultrassonografia de 20 semanas, porém, tudo havia mudado. O ultrassonografista identificou um calombo razoavelmente grande no alto da cabeça do bebê. Pude ver no rosto dos técnicos que aquilo não era uma notícia boa. Em 24 horas, já estava a caminho de uma consulta com um especialista para receber o diagnóstico.

Fiz um novo exame e o médico explicou que o calombo era uma bolsa cheia de fluido e que havia um risco grande de ela pressionar o cérebro, o que poderia provocar uma deficiência no bebê. Ainda não dava para saber a gravidade. Entre as possibilidades estavam o bebê nascer cego, surdo ou mudo. Só o tempo diria a gravidade da situação. Deram-me a opção de fazer um aborto ali mesmo e revelaram que a maioria das pessoas na minha situação optava por interromper a gestação, pois elas se sentiam incapazes de "esperar para ver" como as coisas iriam acontecer.

Àquela altura não havia nada de errado com minha filha e seu cérebro era saudável. Chorei e decidi usar o que tinha aprendido na leitura de *O Segredo* para garantir que daria à luz um bebê saudável. Avisei aos médicos que iria levar a gravidez adiante.

Ao sair do consultório onde haviam me oferecido um aborto, desci a rua com meu marido quando um folheto surgiu voando e literalmente ficou preso debaixo do meu sapato. Senti-me compelida a pegá-lo. Era um papel branco e nele estava escrito em letras pretas grandes: "Aborto – Não faça." Fiquei muito abalada e interpretei aquilo como um sinal de que havia tomado a resolução certa ao optar por manter a gravidez.

Voltei para casa e pelo resto da gestação decidi visualizar meu bebê crescendo com saúde. Imaginei um metal protegendo seu cérebro para garantir que a bolsa de fluido não fizesse pressão nenhuma sobre o órgão. Imaginei-me dando à luz um bebê sadio e contava os dias para cada consulta com o médico, pois sabia que todas as vezes ele iria me dizer que meu bebê estava bem. Visualizei minha filha brincando com sua irmã mais velha e agradecia todos os dias por ter sido abençoada com uma criança saudável.

Continuei a fazer um acompanhamento regular durante toda a gestação e a cada consulta me garantiam que não havia nada de errado com minha bebê. Na última consulta, a de 37 semanas, disseram-me que a bolsa de fluido não tinha crescido nem feito pressão no cérebro dela e que eu daria à luz uma neném perfeita. O médico também mencionou que, em muitas ocasiões anteriores, não vira aquele problema ter um final positivo.

Nossa linda filha, Scarlett Emmie, nasceu no dia 2 de outubro de 2013, *linda* e *saudável*! Os médicos estão assombrados com o fato de o seu cérebro não ter sido afetado.

Naquela primeira consulta, disseram-me que com certeza haveria alguma coisa errada com meu bebê. No fim das contas, estavam todos errados. Não tenho dúvida de que a minha positividade não só me deu força para continuar como também deu a minha filha força para crescer saudável e sem qualquer complicação.

Aos 5 meses, Scarlett fez uma operação para retirar a bolsa de fluido, e continua a se desenvolver normalmente.

Agradeço ao Segredo pela saúde de minha filha e pela minha força. Fico olhando para ela e não consigo acreditar como é perfeita! Milagres acontecem!

~ *Emily*, Londres, Inglaterra

A fé também foi essencial para a sobrevivência do filho de Franci, que nasceu prematuro e com um buraco no coração.

O CORAÇÃO DE KYLE

Meu filho Kyle nasceu nove semanas antes do previsto. Era muito pequeno, mas muito forte. Quando eu estava na sala de cirurgia, me avisaram que ele não iria chorar porque seus pulmões não estavam desenvolvidos. Mas, quando ouvi um barulho minutos depois e perguntei "O que foi isso?", uma enfermeira respondeu: "Seu filho." Meu marido me contou depois que escutou, fora da sala de cirurgia, o choro dele.

O caminho de recuperacão de Kyle foi longo. Dia após dia eu ficava assombrada com sua força e coragem. Ele saiu do hospital cinco semanas após nascer, sem monitor algum. Os médicos disseram que aquilo era incrível!

Infelizmente, Kyle tinha também um buraco no coração que precisaria ser corrigido quando completasse 2 anos, pois um buraco daquele tamanho não fecharia sozinho. Meu bebê precisaria de uma cirurgia de peito aberto.

Minha tia me falou para visualizar o coração dele se fechando e dizer todos os dias: "Kyle tem um coração saudável!" Eu fazia essa visualização e repetia o mantra várias vezes ao dia.

Quando levamos Kyle para sua consulta pré-operatória, o cardiologista fez os exames de rotina e constatou que o buraco tinha se fechado mais de 50%. A cirurgia foi adiada para dali a seis meses, com a possibilidade de uma alternativa menos invasiva à cirurgia de peito aberto. Continuei visualizando meu filho com um coração saudável e seis meses depois o buraco se fechou mais ainda.

Mais uma vez, o médico disse: "Vamos aguardar." Nós aguardamos. Meu menino, que antes ficava ofegante só de atravessar um aposento, agora corria a toda a velocidade, sem parar para recuperar o fôlego. Continuei visualizando e acreditando.

Em nossa última consulta, depois de todos os exames de praxe, o cardiologista entrou saltitante na sala e falou: "Nunca mais quero ver vocês aqui. O buraco fechou." Ele chamou aquilo de um grande milagre. Jamais vira um buraco daquele tamanho fechar em tão pouco tempo.

Por causa do poder de O Segredo, meu filho recebeu de fato uma nova vida.

~ *Franci K.*, Doylestown, Pensilvânia, EUA

Você pode estar se perguntando como alguém consegue manter uma fé inabalável em um desfecho positivo quando está em meio a uma crise de saúde. Como essas histórias demonstram, a intenção e o poder do espírito humano são mais fortes do que qualquer evento ou situação adversa.

Curando um Bicho de Estimação

Todas as práticas de O Segredo que podemos usar para nos curar podem ser usadas para nossos animais. Embora não se possa passar por cima da experiência de ninguém caso a sua jornada precise trilhar um caminho diferente, os animais são muito receptivos a pensamentos e sentimentos positivos.

UM TUMOR GIGANTESCO... SUMIU!

Quando minha amada cadela pastor-alemão estava com 10 anos, o veterinário encontrou um tumor do tamanho de uma laranja em seu fígado. Eu acabara de me divorciar e estava de mudança. Na época, eu não conhecia O Segredo, de modo que não tentei curar o tumor e simplesmente não prestei atenção nele.

Levei alguns meses para encontrar uma casa nova e me instalar. Então arrumei uma veterinária na vizinhança e levei minha cadela para ser examinada. Não mencionei o tumor. Estava torcendo para o veterinário anterior ter se enganado. Mas a nova médica me falou a mesma coisa: ela estava com um tumor gigantesco no fígado. Disse que poderíamos fazer mais exames para descobrir que tipo de câncer era, mas que parecia provável ser de um tipo "ruim". Como minha cadela já estava velha, isso não fazia muito sentido para mim. Eu não iria submetê-la a procedimentos que muito provavelmente não iriam ajudá-la.

Então descobri O Segredo e na mesma hora pus mãos à obra. Dizia à minha cadela todas as noites que ela estava curada. Não queria dizer que o tumor tinha sumido, pois sabia que não deveria mencionar o tumor de forma alguma. No início, foi difícil pensar em como dizer as coisas de um jeito positivo. Então comecei a dizer a ela que todos os seus órgãos estavam funcionando muito bem. Dizia que sua saúde era perfeita. Eu sabia, no fundo do meu coração, que ela estava curada. Dizia-lhe isso todos os dias. Não fiquei nem um pouco preocupada. Não tive nenhum pensamento negativo. Tinha total confiança de que ela estava curada.

Bem, voltei à veterinária quatro meses depois. Ela examinou minha cadela e não conseguia acreditar: o tumor tinha desaparecido. Perguntou o que eu tinha feito, e eu respondi:

"Rezei." Achei que fosse uma descrição que ela poderia compreender.

~ Lucinda M., Califórnia, EUA

Lucinda entendeu que, para fazer suas afirmações darem certo, precisava falar com sua cadela *como se* sua saúde estivesse perfeita. Concentrar-se no tumor só iria atribuir mais poder a ele.

Você pode mudar o caminho da sua vida da escuridão para a luz, ou de negativo para positivo. Sempre que você se concentra na positividade, está trazendo mais luz para sua vida, e a luz remove toda a escuridão. Gratidão e amor, pensamentos, palavras e atos gentis trazem luz e eliminam a escuridão. Preencha sua vida com a luz da positividade.

– Ensinamentos Diários de O Segredo

ACREDITAR NO MELHOR

Um dia, meu cocker spaniel de 12 anos parou de comer, fato inédito para ele. Também passou a ter dificuldade para beber, sem conseguir engolir.

Levei-o ao veterinário e, enquanto estávamos na sala de espera, começou a jorrar sangue de sua boca. Fomos levados às pressas para o consultório e me informaram que ele teria de ser anestesiado para que se investigasse o problema; mas disseram que, pela idade, podia ser um abscesso causado por um dente podre. Deixei-o aos cuidados do veterinário e combinei ir buscá-lo mais tarde.

Então veio o telefonema chocante.

O veterinário ligou enquanto meu cachorro estava na mesa de cirurgia. Encontraram um tumor enorme dentro de sua língua e outro debaixo dela. Também havia um caroço no peito. Era um tipo de câncer muito agressivo e a atitude mais bondosa seria não acordá-lo da anestesia e simplesmente deixar que apagasse.

Fiquei arrasada. Mas não podia deixar que sacrificassem meu cachorro sem ter certeza do diagnóstico. Contrariando os desejos do veterinário, instruí-o a fazer biópsias de todos os caroços e a realizar qualquer procedimento dentário que fosse preciso. Ele obedeceu, mas me advertiu de que eu estava permitindo um sofrimento desnecessário e que os procedimentos dentários aumentariam a conta, enquanto o bicho não teria tempo de aproveitar seus benefícios, já que provavelmente não viveria mais de duas semanas.

Quando peguei meu cachorro e o levei para casa, ele sentiu tanta dor que realmente me achei egoísta e, por um breve período, me arrependi da decisão que tomara.

Então me lembrei dos ensinamentos de O Segredo.

A partir daí, com cada fibra do meu corpo, dediquei toda a minha energia a acreditar que meu cachorro estava com uma infecção, não com câncer, e que ele ficaria bem. A cada instante que tinha, agradecia ao Universo repetidamente por sua cura e pelo fato de ele ter voltado a ser o mesmo animal de antes. Posso dizer com sinceridade que acreditei que de fato seria assim e comunicava a quem quiser ouvir que meu cão estava bem e a caminho da recuperação!

Alguns dias mais tarde, fomos ao veterinário, que disse que não havia mais nada a fazer, a não ser deixá-lo confortável. Durante a semana que se seguiu, depositei toda a minha fé em sua cura e me recusei a me permitir pensar em outro desfecho.

Por fim, o veterinário ligou com os resultados da biópsia: todos os exames tinham dado resultado negativo para câncer.

Ele me disse que provavelmente tinha deixado de ver as células cancerígenas, mas que era uma enorme coincidência todas as três biópsias terem dado negativo. Para mim, aquilo não era coincidência nem resultado incorreto. Para completar, nenhum dente dele precisou ser extraído!

Agradeço ao Universo todos os dias pela saúde de meu cachorro e pelo fato de eu não ter dado ouvidos ao veterinário naquele dia horrível em que tudo parecia tão sombrio!

~ *Jane J.*, Ascot, Berkshire, Inglaterra

A Felicidade é um Elixir de Saúde

Se você tomar a decisão de dedicar a maior parte da sua atenção a pensamentos felizes, irá iniciar um processo de purificação de seu corpo. Os pensamentos felizes fornecerão a seu corpo o maior estimulante de saúde que você poderia lhe dar.

Existem infinitas desculpas para não ser feliz. No entanto, se você adiar a felicidade dizendo "Vou ser feliz quando...", não apenas estará adiando a felicidade pelo resto da sua vida, mas também estará sacrificando sua saúde. A felicidade é o milagroso elixir da saúde de seu corpo, então seja feliz agora, sem desculpas!

> *Estar igualmente equilibrado entre seu coração e sua mente é viver uma vida de felicidade. Quando seu coração e sua mente estão equilibrados, seu corpo está em completa harmonia. E sua vida também.*
>
> **– Ensinamentos Diários de O Segredo**

Chaves para a Saúde

- *Em determinado momento, todas as doenças ditas incuráveis já foram curadas. Não existem casos perdidos.*
- *A cura pela mente pode funcionar em harmonia com a medicina tradicional.*

- *Se você conseguir imaginar estar bem e sentir-se bem, pode receber isso.*

- *Se você tiver crenças negativas sobre a sua saúde, precisa mudar sua mente para ver sua saúde mudar.*

- *Tenha pensamentos de bem-estar. Diga palavras de bem-estar. E imagine-se completamente bem.*

- *O que quer que você tenha manifestado, você pode mudar – com um pensamento positivo, depois outro.*

- *Para manter saudáveis o corpo e a mente, não acredite em pensamentos negativos. Em vez disso, volte sua mente para pensamentos positivos de beleza, amor, gratidão e alegria.*

- *Visualize e deixe que imagens positivas de saúde inundem sua mente e seu corpo.*

- *A felicidade é o milagroso elixir da saúde do seu corpo. Dê atenção a pensamentos felizes e purificque seu corpo.*

- *Você pode usar seus pensamentos e sentimentos positivos para ajudar a curar uma criança ou um animal de estimação da mesma forma como curaria a si mesmo.*

Se houve um emprego específico
que você queria e não conseguiu,
o Universo está lhe dizendo que
ele não era bom o bastante ou não
correspondia ao seu sonho. Também
está lhe dizendo que existe algo
MELHOR e mais digno de você.

Algo melhor está a caminho...
pode ir se animando!

– Ensinamentos Diários de O Segredo

Como Usei O Segredo para Minha Carreira

Assim como todos os princípios e práticas de O Segredo podem ser usados para atrair o que você quiser para sua vida, não existe emprego definitivo que você não possa transformar ou do qual não possa fugir; não existe "telhado de vidro" que você não possa estilhaçar; não existe "emprego dos sonhos" que você não possa ter.

Concentre-se no Positivo; Ignore Qualquer Coisa Negativa

Se as circunstâncias da sua vida não estiverem indo na direção que você esperava que fossem, é fácil se sentir para baixo e deprimido. No entanto, como você já sabe e tantas pessoas mundo afora aprenderam, pensamentos negativos sempre atraem mais circunstâncias negativas. Por outro lado, quando você concentra seus pensamentos em algo que você quer e mantém o foco, está invocando aquilo que deseja junto ao mais forte poder do Universo.

MALTRATADA EM TODOS OS EMPREGOS

Ao longo dos anos, fui ficando cada vez mais irritada em todos os meus empregos. Era como se eu sempre desse um jeito de encontrar o pior patrão para quem trabalhar. Colocava toda a culpa em Deus e, quanto mais brava eu ficava com Ele, piores as coisas pareciam ficar.

Quando comecei a trabalhar para uma gráfica perto da minha casa no setor de pré-impressão eletrônica, vivia olhando em volta para ver se tudo iria ser como sempre fora ou se *aquele* lugar poderia ser diferente. Até onde eu podia enxergar, todo mundo lá era ótimo de se trabalhar. Na verdade, estava me divertindo e gostando dos meus colegas e do meu supervisor – até que, três meses depois de eu entrar, o editor decidiu começar a trabalhar com impressão digital e perguntou se eu poderia fazer a pré-impressão eletrônica para a nova impressora digital. "Claro, eu adoraria", respondi.

Para me supervisionar, eles puseram o único cara que não se dava com ninguém. Ele me atormentava, deixava recados cruéis na minha cadeira quando eu ia almoçar e jogava em mim toda a culpa pelo monte de erros que cometia.

Para resumir a história, fui demitida em seis meses.

Tive impulsos suicidas. Pensei que fosse o fim. Estava farta daquilo. Via Deus lá em cima rindo de mim. Senti um ódio que jamais havia sentido na vida.

Uma amiga me deu o DVD de *O Segredo* e pela primeira vez vi como havia criado toda aquela realidade de ser maltratada em todos os empregos que tivera. Tudo fez muito sentido. Meus pensamentos costumavam ser: *"É melhor ele não falar comigo desse jeito de novo"*, *"Por que eu sempre acabo tendo que trabalhar ao lado da pessoa mais difícil da empresa?"*, *"Não sou boa o bastante; espero não ser mandada embora"*, *"Tomara que eles não notem que eu não sei o que estou fazendo"*, *"Tomara que eles não notem que eu sou uma farsa"*... Esses são só *alguns* dos muitos pensamentos negativos que passavam constantemente pela minha cabeça.

Anotei todos esses pensamentos, olhei para eles e para sua feiura problemática, e no verso da folha escrevi os pensamentos positivos opostos àqueles. No início, foi pior ainda, de modo que reformulei os pensamentos positivos como perguntas e desejos: "Qual seria a sensação de saber que posso trabalhar com pessoas descontraídas e de bom caráter? Qual seria a sensação de ganhar mais dinheiro do que jamais ganhei? Eu adoraria um dia trabalhar numa editora; isso seria legal; quero estar trabalhando até (e preenchi com a data)."

Exatamente na data que eu havia escrito, fui chamada para uma entrevista numa editora e consegui o emprego. Embora não trabalhe mais lá, meus colegas eram as pessoas mais descontraídas, compreensivas e *de bom caráter* que eu já tinha conhecido. Eu não fazia ideia de que empresas assim pudessem existir.

E sim, eu estava ganhando mais dinheiro do que nunca.

Ainda tenho pensamentos atemorizantes? Sim. Fico insistindo neles? Não por muito tempo. Sei que não preciso. Antigamente eu não tinha escolha. Agora, quando um pensamento negativo surge, concentro-me no seu contrário ou, se isso for extremo demais para eu compreender na ocasião, transformo-o em uma pergunta: "Qual seria a sensação de...?" E isso tem sido para mim uma ferramenta muito poderosa.

Com certeza não sou perfeita nisso. Há dias em que dou alguns passos para trás, e isso é mais frequente do que gosto de admitir. Mas agora administro minha própria microempresa e ganho ainda mais dinheiro do que antes. Meu negócio está crescendo depressa e estou num momento em que preciso começar a pensar em expandir para o nível seguinte.

Torço para que todas as pessoas experimentem O Segredo. Dá certo mesmo. E, se não estiver dando certo para você, pergunte: "Qual seria a sensação se isso DESSE certo para mim?" E vai dar.

~ Annette, Flórida, EUA

Você nunca pode dizer que a lei da atração não está funcionando, porque ela está funcionando o tempo todo. Se você não tem aquilo que quer, está vendo o efeito do seu uso da lei. Se você não tem aquilo que quer, está criando não ter aquilo que quer. Você continua criando, e a lei continua reagindo a você.

Se compreender isso, você redirecionará seu poder incrível para atrair aquilo que quer.

– Ensinamentos Diários de O Segredo

O QUE FAZ VOCÊ ACREDITAR?

Após me formar na faculdade, passei meses à procura de um emprego. Li *O Segredo* várias vezes e assisti ao filme. Eles mudaram por completo minha forma de pensar e de ver a vida, mas continuei com dificuldade para acreditar que já tinha um emprego, o que eu mais queria do Universo.

Depois de uma semana me candidatando a inúmeras vagas sem receber resposta, tive um clique. Estava tentando me manter superotimista e escrevendo no meu diário todos os dias que me sentia grata pelo emprego que tinha, mas na realidade não agia nem pensava como se já o tivesse! Entendi que ficar sentada em casa apenas esperando os resultados não estava me levando a lugar algum, pois eu estava dizendo a mim mesma, por meio dos meus pensamentos e ações, que estaria sempre à procura de um emprego! Entendi que precisava viver como se já estivesse trabalhando.

Comecei a acordar mais cedo, como se fosse sair para trabalhar e, em vez de procurar empregos e escrever em meu diário que me sentia grata por ele estar a caminho, passei a escrever como estava grata pelo sucesso de cada dia no trabalho e como adorava o lugar em que trabalhava e os colegas. Planejava looks para usar durante a semana e abri uma conta-poupança para o meu salário. Saía com amigos que trabalhavam, depois do expediente deles, e os ouvia falar sobre seus empregos sem as sensações de inveja ou inferioridade que costumava ter, pois sabia que eu também tinha um emprego e, portanto, não havia motivo para qualquer ressentimento. Também me aprimorei em digitação e informática.

Em pouco tempo, passei de fato a acreditar e sentir que tinha um emprego e uma rotina a cumprir.

Umas duas semanas após começar a "fingir" que tinha um emprego, alguém me falou de uma vaga no meu perfil. Mesmo antes de fazer a entrevista eu já sabia que conseguiria aquele emprego, e consegui mesmo! O mais incrível de tudo é que as coisas no meu novo trabalho estão ocorrendo quase exatamente como eu tinha descrito no meu diário! Agora escrevo sobre como quero que seja meu dia, e sempre dá certo.

Sou muito grata a O Segredo, pois, se nunca houvesse estudado seus ensinamentos, jamais teria sabido que é preciso acreditar nas coisas antes que elas aconteçam e jamais estaria vivendo como vivo agora.

~ *Kate,* Long Island, Nova York, EUA

No início, as ações de Kate não coincidiam com seus desejos, de modo que ela estava impedindo a si mesma de receber o que queria. Quando começou a *agir como se* tivesse um emprego, ela de fato começou a *acreditar*, e, quando começou a acreditar, recebeu.

QUANDO NÃO SOBRAR MAIS NADA, VOCÊ TEM O SEGREDO!

Após ser demitido de um emprego ótimo e bem remunerado, levei quinze longos meses para arranjar outro em tempo integral, e só com um cargo júnior e sem perspectivas, que pagava metade do que eu ganhava antes e para o qual eu era altamente superqualificado. Detestava esse emprego, mas segurei as pontas por quatro longos anos pensando que "algo bom" fosse sair dali. Ah, como eu estava ENGANADO.

Meu mantra era: "Agradeça e não crie problemas." Embora eu detestasse cada hora do meu dia de trabalho, aprendi a enterrar meus sentimentos e a manter um diminuto raio de esperança de que alguma outra oportunidade fosse surgir na empresa.

Por fim, depois de me candidatar a mais de 75 vagas, ser chamado para umas cinco entrevistas e receber zero propostas, eu disse chega. Um dia, simplesmente decidi que PRECISAVA PARAR de permitir que a vida acontecesse COMIGO e começar a fazê-la acontecer PARA mim!

Foi aí que entrou *O Segredo*! Eu o tinha lido um ano antes e finalmente decidi usá-lo. Criei um diário e usava-o para descrever um mundo no qual gostava do que fazia. Usei todas as dicas de *O Segredo* e imergi no mundo que criei com todos os meus sentidos. Via minha sala; tocava o teclado do meu computador; sentia o cheiro do lugar; conversava com minha equipe (cheguei a dar nomes e sobrenomes aos meus subordinados, bem como características físicas e personalidades); sentia o gosto dos tacos de carne assada que comia nos intervalos para almoço. Ia a reuniões e fazia apresentações. Eu estava lá, cara! Estava lá DE VERDADE!

Então o Universo começou a fazer as coisas acontecerem. Fui chamada para mais entrevistas. Depois para segundas entrevistas! Então, finalmente, recebi DUAS propostas de emprego que eu sabia que queria e dos quais iria gostar, e aceitei um deles!

O Segredo: acredite nele! Sinta-o! Veja-o! Toque-o! Viva-o! Espere que ele aconteça!

~ *Kelly*, Indiana, EUA

Kelly se dedicou de corpo e alma a manifestar uma vida que era o oposto completo da que estava vivendo. Usou todos os seus sentidos para visualizar cada aspecto do que queria, até realmente acreditar que estava vivendo aquilo.

> *Se o seu dia não estiver correndo bem, pare e mude seus pensamentos e sentimentos de forma deliberada. Se o dia estiver indo de vento em popa, continue a fazer o que está fazendo.*
>
> **– Ensinamentos Diários de O Segredo**

Preocupar-se com o Como *Não é Trabalho Seu*

Assim como qualquer outra coisa que você queira trazer para a sua vida, *como* irá receber o emprego ou a oportunidade de carreira dos seus sonhos não é algo com que você deva se preocupar. O Universo irá mover todas as pessoas, circunstâncias e acontecimentos para manifestar seu desejo, em uma orquestração que seria impossível você organizar. Assim, esqueça como vai receber aquilo que pediu e, em vez disso, sinta como se já o tivesse.

PUBLIQUEI MEU LIVRO AOS 25 ANOS!!!

Depois de assistir a *O Segredo*, escrevi todos os meus objetivos em um pedaço de papel e o preguei acima da minha mesa de trabalho. Um dos meus sete objetivos principais era ter meu livro de poemas publicado por uma editora conhecida. Durante dois meses após assistir a *O Segredo*, tudo que fiz foi visualizar e evocar os sentimentos de fabuloso empoderamento que advêm de ter um livro publicado.

Mas lembrem-se de que eu não sabia como iria fazer isso. Só sabia que iria fazê-lo. A maioria dos poetas já estabelecidos lhes dirá que é preciso ter tido pelo menos uma boa parte dos poemas do seu livro publicados em revistas conhecidas antes de haver qualquer esperança de publicá-los em livro.

Recusei-me a aceitar isso. Simplesmente acreditei que meu livro seria publicado e que dali a menos de um ano estaria nas prateleiras das livrarias.

Duas semanas depois de eu começar minha visualização, recebi um e-mail do editor de uma casa editorial conhecida dizendo que estava considerando o manuscrito que eu lhe mandara fazia dois meses e do qual tinha me esquecido inteiramente! Fiquei estarrecida.

Então imprimi o quadro que queria na capa do livro e escrevi o título em cima. Fiz minha lista de agradecimentos, em seguida escrevi o e-mail do editor aceitando meu manuscrito e preguei acima da minha cama. Visualizava constantemente o que faria quando recebesse a boa notícia: ir à aula e abrir uma garrafa de champanhe; ligar para os meus pais. Idealizei os convites para a comemoração que faria depois de receber a boa notícia e contei a alguns de meus alunos que tinha publicado um livro.

Passado algum tempo, recebi uma ligação com um código de área que eu não conhecia. Era o tal editor dizendo que gostaria de publicar meu livro de poemas e que iria me mandar um contrato e mais informações o quanto antes. Isso funciona mesmo!!!

~ *Maria*, Nova York, EUA

Se você não conseguir ficar parado e quiser se meter em *como* seu desejo irá se realizar, entenda o seguinte: se você der um único passo que seja em direção ao trabalho de *como* do Universo, você cancela sua criação. Por quê? Porque as suas ações estão dizendo que você não tem aquilo que quer e você então continuará a atrair não ter aquilo que quer.

Maria não sabia *como* seu sonho de se tornar uma poetisa publicada iria se realizar, mas foi sensata o bastante para agir de formas específicas como se isso já tivesse acontecido. São esses os tipos de ações que aceleram a concretização!

ESPERANÇA

Há muitos anos sou um estudioso de livros de autoajuda. Passei anos e anos tentando fazer tudo o que havia aprendido, mas simplesmente não conseguia fazer a coisa dar certo. Então, algum tempo atrás, descobri *O Segredo* e ele uniu, num só lugar, tudo que eu havia aprendido ao longo dos anos e tornou tudo muito fácil de entender e aplicar. Para mim, ele foi o elo perdido. Pedir, Acreditar, Receber. Foi *isso* que deu certo! Era essa a essência, e os ensinamentos a tornavam muito simples. Fantástico.

Quando descobri *O Segredo*, estava num casamento horrível e num emprego sem futuro. Tudo que eu tentava parecia dar errado e eu não entedia por quê, pois sempre havia me considerado um cara positivo e um guru da autoajuda.

Comecei a aplicar O Segredo a todos os aspectos da minha vida e na mesma hora comecei a ver mudanças para melhor.

A primeira coisa a mudar foi minha carreira. Na casa dos 20 anos eu tinha sido ator profissional, mas aos 30, já com filhos, arrumei um "emprego de verdade". Fiquei tristíssimo, mas achei que precisasse ser assim. Depois de ler *O Segredo*, pedi demissão do meu emprego "estável" e bem remunerado. Na verdade não tinha nenhum plano ou estratégia, apenas fé e a formulação de uma encomenda ao Universo de uma carreira que tivesse a ver com minha paixão e meu amor pela atuação.

Em três meses, consegui um pequeno papel em um filme de baixo orçamento. Nos seis meses seguintes vieram mais dois papéis. Comecei a fazer pedidos maiores. Queria ter um estilo de vida sem estresse, bastante dinheiro e alguém para bancar minha hipoteca e meu padrão de vida.

Então fui fazer um teste que mudou minha vida. Era para trabalhar como ator por um ano em Cingapura! Não questionei o Universo, apenas agradeci, segurei firme e desde então tenho vivido um verdadeiro turbilhão.

Não estou mais num casamento horrível e minha relação com minha ex está melhor do que nunca. Meus filhos e eu somos muito próximos, e eles puderam visitar partes do mundo que nunca imaginei que conseguiria lhes mostrar. Vivo de atuar, fazendo aquilo que amo. Todas as minhas despesas são bancadas. Moro em um lindo arranha-céu sem pagar um centavo. Meu salário é mais do que jamais ganhei na vida e trabalho menos horas do que trabalhava antes. O trabalho nem parece trabalho e posso viajar para todo lado.

Sinto-me anos mais jovem, estou muito mais feliz e tenho muito pouco estresse. Quase nenhum!!

Eu era uma daquelas pessoas que não acreditam realmente que possam ter tudo isso. Mas isso era o "outro eu". Hoje acredito de verdade.

Agradeço a Rhonda e ao Universo por todas as bênçãos desta vida, não só as materiais, mas as bênçãos intangíveis, emocionais e espirituais.

~ *Darrell B.*, Cingapura

Darrell recebeu tudo que queria, muito embora não fizesse ideia de *como* isso iria acontecer, e o mesmo vale para Roland, cuja história vem a seguir. Outra coisa que os dois tinham em comum era uma ideia muito clara daquilo que queriam e uma crença inabalável de que iriam recebê-lo.

ONDE EXISTE VONTADE, EXISTE UM JEITO!

Gostaria de expressar minha sincera gratidão à equipe de O Segredo por tê-lo apresentado ao mundo e o tornado acessível a quem talvez nunca o tivesse descoberto.

Desde os 12 anos, eu sempre quis morar em Los Angeles e ser baterista profissional. Menos de 1% dos músicos de fato ganha a vida fazendo música. Eu tinha obtido um sucesso moderado onde morava, mas nunca tivera condição de viver apenas disso sem algum tipo de emprego diurno. Sempre senti que meu lugar era em uma cidade como L.A., onde a música e a indústria cinematográfica prosperam e faz sol 95% do tempo.

Em algum nível, acho que usei algumas regras de O Segredo sem perceber, pois nunca me preocupo com dinheiro e este sempre está onde eu preciso dele. Desde que assisti a *O Segredo*, porém, tornei-me mais poderoso do que nunca. Comprei o audiolivro e comecei a escutar todos os dias, algo que ainda faço sempre que possível. Tenho me concentrado em aprender todos os seus aspectos e usar cada um deles.

Três meses atrás, larguei meu emprego, e simplesmente senti, de coração, que essa era a coisa certa a fazer. Não tinha ideia do que faria para ganhar dinheiro nem do rumo que iria tomar. Senti-me muito relaxado e tive fé de que tudo daria certo. Logo um emprego temporário surgiu, e ganhei mais de 10 mil dólares em dois meses, mais do que vinha ganhando. Quando o trabalho terminou, não sabia o que fazer nem de onde viria meu dinheiro. Então recebi a ligação de uma companhia de cruzeiros com base em L.A. dizendo que queriam usar nossa banda para desenvolver uma série de shows para seus navios. Iríamos trabalhar em L.A. mesmo, em seu grande estúdio de produção.

Tudo que eu vinha fazendo era manter o alto astral; imaginava-me morando em L.A., trabalhando como músico e tendo prosperidade e sucesso. Tudo está se encaixando, uma coisa de cada vez, de um jeito que eu jamais teria imaginado. É absolutamente incrível como está dando certo, e a sensação é mesmo de que isso é só o começo.

O simples fato de escutar o audiolivro me deixa tão feliz e com uma disposição tão boa que meus olhos literalmente começam a lacrimejar. Não consigo explicar. Mesmo que tudo que eu tivesse ganhado com isso fosse uma forma mais positiva de ver a vida e de pensar, esse por si só já seria um presente incrível. Mas o que está acontecendo é muito mais; obrigado por isso.

~ *Roland C.*, Nanaimo, Canadá

Ao aprender sobre O Segredo, Roland passou a ter consciência de que tinha dentro de si o poder de atrair a carreira que quisesse. Todos nós podemos ter, ser ou fazer qualquer coisa; não há limites. Só precisamos descobrir o que *realmente* desejamos e pedir.

Às vezes temos bons motivos para nos perguntar "como" vamos conseguir o que queremos. Esse com certeza foi o caso da pessoa na história que vem a seguir. Embora todas as exigências para um determinado teste de dança sugerissem que seria impossível conseguir o trabalho, ela decidiu testar O Segredo por si mesma!

TESTE DE CORAGEM

Preciso admitir que, depois de ler *O Segredo*, fiquei meio cética, mas pensei em testá-lo com coisas pequenas, como querer que alguém me ligasse ou desejar não perder meu trem. Então, ainda não totalmente convencida de que essas coisas não eram só coincidência, pensei em tentar algo maior.

Minha agente me ligou para falar sobre a seleção de uma dançarina para fazer um comercial. Ela queria me mandar fazer o teste, mas – e era um MAS bem grande – eles queriam uma loura platinada. Como sou negra, comecei a me perguntar por que ela se dera ao trabalho de me avisar; de qualquer forma, respondi que iria.

Sem pensar muito no assunto (a tendência é essa, pois é muito decepcionante quando você não consegue o trabalho), fui fazer o teste. Todo mundo era branco e, enquanto estava lá sentada, me dei conta de que queria muito, muito aquele trabalho. Então aquela era a oportunidade perfeita para ver se O Segredo funcionava! Comecei a me imaginar sendo selecionada e vendo meu rosto na TV, a visualizar as pessoas ligando para me dar parabéns e aquele trabalho conduzindo a outros trabalhos.

Quando chegou minha vez de falar com o diretor de elenco, sentia-me totalmente segura. Dancei dando tudo de mim e fui embora!

Pensei naquele trabalho durante todo o trajeto até em casa e, quando cheguei, peguei um Post-it, escrevi o nome do produto em questão e colei no meu armário. Visualizei-me várias vezes sendo selecionada e como reagiria ao receber a notícia.

No dia seguinte, quando eu estava em outro trabalho, recebi uma ligação da minha agente. "Tenho boas notícias..." Ela nem precisou completar a frase. Eu sabia por que ela estava ligando. CONSEGUI O TRABALHO!!! Fiquei em êxtase.

Embora tivesse dito a mim mesma que o trabalho era meu, foi incrível quando me disseram.

Agora sei que posso ser mais ambiciosa e ter controle de verdade sobre o meu futuro. Isso é muito empolgante.

~ *K.*, Londres, Inglaterra

Crie o Salário dos Seus Sonhos

Yana tinha um emprego específico em mente, bem como um salário preciso, e usou o poder da afirmação para atrair exatamente o que desejava.

O EMPREGO

Depois de perder um emprego muito bem remunerado, fui passando de um trabalho temporário para outro até ficar desempregada e, por fim, aceitar um emprego de meio período por 10 dólares a hora. Então, dois dias depois de começar, fui comunicada que minhas horas seriam reduzidas à metade, de vinte para dez por semana. Eu não tinha como viver com 100 dólares por semana.

Nesse dia, andei do trabalho até minha casa me sentindo triste e desanimada. Ao entrar no meu apartamento, senti uma vontade avassaladora de assistir a *O Segredo*, muito embora não tivesse muito mais energia do que a necessária para ficar sentada me preocupando com o que faria sem um trabalho regular e mais dinheiro. Depois de ver o filme, peguei meu diário e escrevi a seguinte afirmação:

"Para os próximos dias, estou trazendo à tona uma vaga administrativa excelente num lugar ao qual eu possa ir a pé de casa. Nesse emprego, eu ganho pelo menos 30 mil dólares por ano. As pessoas com quem trabalho são alegres, boas e prestativas. Acho interessante o trabalho que preciso fazer e sou muito valorizada pelos meus colegas e supervisores. Recebo semanalmente, chego na hora ou mais cedo de segunda a sexta-feira e aprecio todos os dias em que vou a esse trabalho. Sou grata pelo processo claro e inclusivo que acabou de manifestar meu novo emprego."

Passei o dia seguinte inteiro repetindo a afirmação e pude *sentir* a alegria que fazer isso me proporcionou. Uma sensação de empolgação tomava conta de mim toda vez que eu pensava nesse emprego novo. Fiquei muito animada!

Nesse dia, meu celular tocou várias vezes quando eu estava no trabalho. Perdi três ligações, todas do mesmo número e a poucos minutos uma da outra. Durante um intervalo, escutei meus recados e verifiquei que a ligação era de uma agência de empregos temporários na qual eu havia me inscrito uns dois anos antes.

Quando retornei, a recepcionista falou que eles estavam tentando entrar em contato comigo porque tinham uma vaga para mim e seria para começar no dia seguinte. O salário era exatamente o que eu pedira na minha afirmação e, quando perguntei onde ficava, ela respondeu que era numa empresa de design a cinco minutos a pé da minha casa. Para completar, era um cargo permanente.

Comecei no meu emprego dois dias depois de escrever minha afirmação e ele continua tão maravilhoso hoje quanto no primeiro dia.

~ *Yana F.*, Baltimore, Maryland, EUA

A afirmação de Yana incluía sentir gratidão por seu novo emprego e por seu novo salário *como se* já os tivesse recebido. A gratidão é uma ponte que irá levá-lo da pobreza à riqueza. Quanto mais gratidão você sentir pelo dinheiro que tem, mesmo que não tenha muito, mais riqueza irá receber. E quanto mais você reclamar de dinheiro, mais pobre irá se tornar.

O DOBRO OU NADA!

Quando comecei minha carreira no jornalismo, minha família me apoiou muito, o que me proporcionou a motivação necessária para perseguir meu objetivo. Consegui um emprego numa revista da minha região que pagava pouco, mas era muito promissor. Eu ganhava o suficiente para bancar meu aluguel e meus pais me ajudavam com o restante para eu conseguir fechar o mês.

Com o passar dos meses, no entanto, meu pai começou a cansar de pagar as minhas contas e fez de tudo para demonstrar isso. Eu entendia seu desejo de que eu fosse mais independente, mas comecei a ficar desesperado. Queria deixar meus pais felizes e ganhar dinheiro suficiente para me bancar. Meu desespero se transformou em depressão quando o fim do ano foi chegando e eu desisti de torcer pelo aumento que me fora prometido. Comecei a esperar só coisas ruins, e adivinhem? Foi exatamente isso que recebi.

Minha depressão chegou a um ponto em que me sentia doente e cansado o tempo todo. As coisas não iam nada bem e comecei simplesmente a torcer por uma saída para tudo aquilo. Então, do nada, uma amiga que sabia da minha situação perguntou se eu já tinha ouvido falar de *O Segredo*. Ela me deu um exemplar do DVD e pediu que desse só uma chance àquilo. Não sou muito chegado a conselhos de autoajuda, mas assisti ao filme naquela mesma noite. O que todo mundo no DVD dizia tinha tudo a ver comigo: eu fazia coisas ruins me acontecerem por meio dos meus pensamentos. E chorei, não lágrimas de tristeza, mas de alegria. Eu sabia que ficaria bem.

Comecei a usar O Segredo nessa mesma noite, tendo pensamentos bons, pensamentos de riqueza e felicidade. Comecei a agradecer ao Universo pelas coisas nas quais nunca havia pensado na vida, como minha boa saúde, o amor dos meus amigos e até meu emprego.

No fim de dezembro, o gerente da empresa me chamou em sua sala e disse que eu ganharia um aumento. Era um aumento pequeno, que não cobriria todas as minhas despesas, mas agradeci a ele e ao Universo, pois sabia que havia pedido, acreditado e agora começara a receber.

No início de janeiro, pedi ao Universo algo que hoje sei ser muito possível: que o meu salário mensal dobrasse. Não fazia a menor ideia de como isso iria acontecer, mas simplesmente acreditei que aconteceria. O Universo começou a trabalhar na mesma hora. Não pude ver isso acontecendo, mas no fundo do coração sabia que era assim.

Quatro meses mais tarde, em abril, fui convidado a me transferir para outra revista da mesma empresa. E adivinhem? O salário era o dobro do meu na época. Eu sabia que era porque tinha acreditado. Então pensei: *"Ora, se deu certo uma vez, poderia dar de novo."* Pedi outra vez ao Universo que dobrasse meu novo salário. Vocês não vão acreditar, mas quatro meses depois o gerente do departamento digital me chamou para integrar sua equipe. O salário? Vocês já sabem: o dobro do que eu ganhava.

O Segredo mudou minha vida por completo. É difícil acreditar que um ano foi tão ruim quanto eu quis que fosse e que o ano seguinte foi tão bom quanto visualizei e acreditei que seria. Hoje, cada dia é um presente. Sei que sou especial e único. O Universo é meu amigo e reage a meus pensamentos; minha história é uma prova de que O Segredo funciona mesmo.

Então vocês devem estar pensando se eu pedi ao Universo para dobrar meu salário outra vez. Não. Eu pedi felicidade e abundância, e é isso que estou recebendo todos os dias.

~ *Alan*, Nairóbi, Quênia

Além de agradecer por aquilo que queria receber, Alan agradeceu ao Universo pelo que já tinha e em seguida deixou a lei da atração fazer seu trabalho, sem se preocupar com como isso iria acontecer ou tentar ajudar o processo.

A COMBINAÇÃO VENCEDORA

Vários anos atrás, os funcionários de um pequeno consultório de quiroprática onde eu trabalhava viram que os números do negócio estavam piorando. Ninguém recebia aumento havia mais de três anos. Algo precisava mudar. Nós amávamos nosso trabalho, mas o custo de vida estava subindo, e todos começamos a procurar empregos novos ou segundos empregos.

Um dia, a equipe se reuniu sem a presença dos médicos e conversou sobre um aumento. Sabíamos que, para isso acontecer, era preciso estabelecer objetivos para nosso consultório e preencher os horários de todos os médicos. Começamos com objetivos semanais e mensais. Uma vez estabelecidos esses objetivos, calculamos que um aumento de 25% compensaria a ausência de aumentos dos últimos anos. Mais do que tudo, porém, precisávamos determinar para quando queríamos nosso aumento. Optamos pelo dia 15 de outubro, uma época do ano pouco usual para conceder aumentos.

Pusemos nosso plano em andamento. Criamos um lema: "A vida é boa a 25%!" E o pregamos na mesa de cada um. Todos os dias nos concentrávamos em deixar cheia a agenda de todos os médicos. Se a agenda não estivesse completa, dizíamos "Precisamos de mais dez pacientes regulares e dois novos" e era certo: o telefone começava a tocar! Em pouco tempo, os médicos ficaram tão ocupados que começaram a reclamar de cansaço no fim do dia.

No início de outubro, nossa equipe tornou a se reunir para revisar os objetivos e listas de gratidão. Pensamos que a reunião seguinte do consultório seria uma ótima ocasião para apresentar nossos objetivos e resultados. No dia da reunião, estávamos prontos, mas os médicos tinham tantos assuntos a tratar que não conseguimos fazer nossa apresentação. Ficamos decepcionados, e faltavam apenas dois dias para 15 de outubro, mas mantivemos o foco e continuamos a dizer: "A vida é boa a 25%!"

Bem, o dia 15 chegou e passou. Nosso novo período de pagamento estava se aproximando e os médicos haviam se reunido com nosso contador. Alguns dias mais tarde, nossa chefe me chamou para conversar. Eu não fazia ideia do motivo, mas a primeira coisa que ela disse foi que estávamos fazendo um excelente trabalho e que todos iríamos receber um aumento retroativo ao dia 15 de outubro. Todos ganhamos

25%. Meus olhos se encheram de lágrimas quando contei à médica que tínhamos usado O Segredo para alcançar os objetivos que havíamos estabelecido para o consultório e para conseguir nosso aumento de 25%.

Salvamos nossos empregos, ganhamos dinheiro e melhoramos o astral no consultório. A equipe agora se reúne para melhorar a vida pessoal de cada um usando O Segredo e incentivamos os pacientes a pegar o DVD emprestado conosco sempre que quiserem.

~ *Loretta*, Washington, EUA

Não há dúvida de que, quando duas ou mais pessoas sc concentram em atrair o mesmo desejo, elas criam uma força muito poderosa. Cada pessoa contribui com sua energia e crença individuais, o que gera uma combinação vencedora.

Deixe-se inspirar pela história de Loretta. Se você trabalha em equipe, saiba que juntos vocês podem se concentrar em um desejo comum que irá beneficiar a todos. Imagine só o que poderiam conquistar juntos!

No fim das contas, você tem o poder de criar tudo que quiser sozinho, mas, quando unimos nossas forças com a de outros, isso faz aumentar tanto o nosso fator Acreditar que a manifestação acontece realmente rápido.

Faça Aquilo Que Ama

O maior desejo das pessoas cujas histórias estou prestes a compartilhar era poder fazer aquilo que amam. Para algumas, o dinheiro também era importante, mas outras acreditavam apenas que, se corressem atrás do seu sonho, o Universo entregaria a quantia de que precisavam.

DUAS SEMANAS PARA UMA VIDA NOVA

Quase desisti da lei da atração quando, após viver a vida dos meus sonhos, morei na rua por dois anos. Senti-me abandonado por todos. Era o auge do inverno e, como eu não tinha para onde ir, viajei pelo país à procura de emprego, mas não tive sorte.

Ouvira dizer que era possível mudar a própria vida em trinta dias usando a lei da atração, então coloquei isso à prova. Passei a aplicar o conhecimento de *O Segredo* em tudo que lia e escutava e coloquei em prática todos os seus ensinamentos. Mal sabia eu com que rapidez as coisas viriam até mim.

Eu *precisava* de um emprego, mas *desejava* um que me proporcionasse liberdade, muita ação e me permitisse contribuir para a empresa e ao mesmo tempo me sentir valorizado pelo meu trabalho. Fiquei feliz por *saber* que isso estava a caminho.

Em duas semanas, como resultado de um encontro fortuito, consegui um emprego de DJ numa rádio. Sete meses depois, tinha aumentado as receitas de publicidade em 2.000% e criado um departamento novo voltado para ajudar artistas a arrecadar dinheiro (sem depender das vendas de CDs nem de shows ao vivo). Passei a agenciar novos artistas, criei uma associação colaborativa para ajudar novos talentos a terem sucesso na indústria e hoje estou trabalhando com um sócio na criação de uma linha de roupas. Meu chefe adora meu trabalho e fui chamado de melhor DJ da nossa estação, o que era exatamente a minha intenção.

Hoje tenho o emprego dos meus sonhos e sou muito feliz e grato pelo cargo que ocupo. Coisas incríveis não param de me acontecer e vivo perseguindo objetivos maiores e melhores.

Se alguém tem dúvidas quanto a O Segredo, pode acreditar em mim... *funciona*.

~ *Dallas C.*, Winnipeg, Manitoba, Canadá

Muito embora Dallas soubesse que precisava de dinheiro, seu desejo mais importante era fazer algo que amasse. O resultado? Ele conseguiu as duas coisas!

Mesmo quando sente que o Universo está prestes a entregar aquilo que você mais quer, pode haver momentos em que a dúvida se insinue. Isso pode ser especialmente verdade se você estiver pensando nas possíveis consequências de abandonar um emprego seguro para correr atrás do seu sonho.

Sempre que estiver em dúvida, você deve pedir ao Universo uma prova de que está tomando a decisão certa. Lembre-se: você pode pedir qualquer coisa!

Na próxima história, Helen foi acometida por sérias dúvidas logo antes de largar o emprego. Então o Universo intercedeu e mexeu em algumas coisinhas técnicas para ajudá-la a tomar sua decisão.

E-MAILS DO UNIVERSO

Fui apresentada a *O Segredo* por uma colega anos atrás, mas, infelizmente, na época estava passando por uma fase negativa e, depois de ler algumas páginas, fiquei com medo do que a leitura poderia fazer com a minha vida. Como isso soa ridículo agora! Felizmente, ele me foi recomendado de novo por uma amiga e dessa vez eu estava mais do que preparada para aprender.

Nem sei dizer quanto me senti feliz e animada ao ler cada capítulo. Fiquei quase embriagada e, depois de apenas um dia de leitura, tomei uma decisão importante, que iria mudar minha vida.

Eu já vinha pensando em largar meu emprego de meio período como designer para me tornar ilustradora freelance em tempo integral. Queria fazer isso há tempos, mas tinha compromissos financeiros e relutava em perder a renda regular e constante. Dizia a mim mesma que teria de esperar até ter dinheiro suficiente guardado. Apesar de os meus instintos gritarem que aquela era a coisa certa a fazer, na verdade eu tinha era muito medo.

Tempos antes, eu tivera uma baita falta de sorte na carreira, com chefes horrorosos, ambientes de trabalho estressantes e várias demissões. Bem lá no fundo, sentia que estava sendo impelida a trabalhar sozinha, mas a possibilidade de decepcionar a mim mesma e minha família simplesmente me apavorava.

Depois de ler *O Segredo*, porém, eu soube que precisava fazer isso e, por estranho que pareça, não tive dúvida; eu sabia que seria um sucesso!

Mas, quando estava a ponto de dar meu aviso prévio no trabalho, as velhas dúvidas voltaram. No trajeto de trem até o trabalho, senti um frio na barriga e não parava de me perguntar se estava fazendo a coisa certa. Talvez estivesse sendo precipitada e egoísta, precisava pensar no dinheiro, etc. Foi então que o Universo intercedeu para me dar um enorme empurrão – bem na hora em que eu estava prestes a amarelar!

Enquanto todos esses pensamentos temerosos passavam pela minha cabeça, baixei os olhos para meu iPhone e vi que tinha 37 e-mails novos. Achei muito estranho, pois ainda era de manhã bem cedo e, quando eu verificara poucos minutos antes, a caixa estava vazia. No entanto, ao examinar todos aqueles "novos" e-mails, notei que eles na verdade eram... de mim mesma! Eram mensagens que eu mandara para várias pessoas ao longo dos cinco anos anteriores, todas na minha caixa de entrada ao mesmo tempo e relacionadas ao mesmo tema. Todos os e-mails, sem exceção, falavam sobre eu querer largar meu emprego e trabalhar por conta própria! O primeiro que li foi um que tinha enviado para uma agência de recrutamento depois de ser mandada embora pela terceira vez. E a primeira frase que me saltou aos olhos foi: "Acho que alguém lá em cima está tentando me dizer alguma coisa!" Assim que li isso, senti um arrepio na espinha (estou sentindo outro agora enquanto escrevo). Fiquei sem palavras. Havia mais alguns e-mails para agências de recrutamento (o que me fez lembrar quantas vezes eu fora mandada embora); havia aqueles que eu enviara reclamando de quanto me desagradava trabalhar para diferentes chefes; havia aqueles relacionados a projetos de livros infantis nos quais eu trabalhara como freelance e adorara; mas o e-mail mais antigo era um que eu mandara para minha agência atual dizendo quanto amava trabalhar como ilustradora freelance e perguntando se eles cogitariam me representar. Não havia salvado aquele e-mail em lugar algum do meu computador, muito menos no celular. Nem sequer me lembrava de tê-lo enviado, mas ali estava ele como "nova" mensagem, junto com os outros que apareceram na minha caixa de entrada ao mesmo tempo.

Soube então que alguém tentava me dizer que eu estava fazendo a coisa certa e que tudo ficaria bem. Não consegui parar de sorrir o dia inteiro e entreguei meu aviso prévio sem hesitar.

Dois meses mais tarde, não podia acreditar no quanto estava ocupada! E pensar que eu tivera dúvidas sobre se teria dinheiro suficiente para pagar as contas! Quando escrevi no cheque em branco no site de O Segredo a quantia que desejava ganhar no primeiro ano, ela parecia ridiculamente fora do meu alcance, mas, ao somar o que recebera desde o início do ano, vi que na realidade estava em vias de ganhar aquela exata quantia! Já tinha trabalhos engatilhados para muitos meses e não havia dúvida de que meu sucesso iria continuar.

Hoje, quatro anos depois, continuo independente, e este ano também vi meu sonho se realizar: o primeiro livro infantil escrito e ilustrado por mim foi publicado e está disponível para o mundo todo.

Naquele dia me senti muito privilegiada por receber uma mensagem tão gigantesca do Universo. Hoje sinto-me grata por tudo que existe de bom na minha vida e adoro visualizar meu futuro sensacional!

~ *Helen*, Liverpool, Inglaterra

Se você acha que as dúvidas estão minando sua crença, aumente sua crença usando a visualização e as afirmações. Ou então você pode fazer algo que o deixe feliz, pois, quando você se sente feliz, as dúvidas desaparecem! A dúvida é um estado negativo e não pode existir na presença do estado positivo de felicidade.

COMO CONSEGUI O EMPREGO DOS MEUS SONHOS

Quando fui apresentada a *O Segredo*, não acreditei que pudesse funcionar de fato, então comecei a ler o livro só para provar que ele estava errado.

Na época, fazia quase quatro anos que eu vinha tentando conseguir o emprego dos meus sonhos. Enquanto estava lendo o livro, decidi entrar no jogo. Por isso, fabriquei um contracheque no qual anotei o salário que queria, o país onde queria trabalhar e o cargo que queria ocupar, e preguei-o no meu espelho. Toda manhã, olhava para ele e me visualizava sentado à mesa no meu novo emprego. Então, conforme o dia avançava, ia listando as coisas pelas quais me sentia grata e dizia: "Obrigada por tudo que eu faço e por tudo que me acontece."

Em cinco dias, recebi por e-mail a proposta de emprego com a qual vinha sonhando.

Obrigada por compartilhar O Segredo.

~ *Mireille D.*, Líbano

Quando se familiariza com O Segredo, você entende que há muitas práticas a partir das quais pode reforçar sua crença e, portanto, acelerar a lei da atração. Agir *como se* já houvesse recebido o que você quer é uma das práticas mais poderosas.

ASSUMINDO O PAPEL

Algum tempo atrás, larguei tudo. Abandonei meu emprego de confeiteira. Larguei a escola de culinária. Rompi com meu namorado de dois anos. Abri mão de qualquer esperança de uma vida boa e me considerava sem valor algum. Depois de um mês sofrendo uma séria depressão, acordei um dia e pensei em *O Segredo*. Não sei bem por que isso me ocorreu, mas decidi pesquisar na internet e descobrir sobre o que ele tratava. Assisti ao filme no site e fiquei tão comovida que comprei o audiolivro.

Até então, eu vinha procurando emprego sem receber nenhuma resposta. Mas decidi usar O Segredo para atrair um trabalho. Queria muito que fosse em um hospital veterinário, então mandei meu currículo para um que ficava perto da minha casa. Foi assim que tudo começou.

Alguns dias mais tarde, estava em casa sem fazer nada quando o telefone tocou. Pensei: *"É alguém telefonando para me oferecer um emprego."* Era o gerente do hospital veterinário para o qual eu mandara meu currículo me chamando para uma entrevista. Durante nossa conversa, deu para perceber que eu estava extremamente nervosa. Embora não tenha sido minha melhor entrevista, voltei para casa e escrevi: "Eu trabalho no Hospital Veterinário ______. Ele fica no endereço ______, em Chicago, IL. O telefone é ______." Fiz isso várias vezes até de fato acreditar.

No dia seguinte, o gerente me ligou outra vez, mostrando-se bastante entusiasmado, e me ofereceu uma segunda entrevista prática. Aceitei de bom grado. Sentia que o emprego já era meu, mas agora precisava decidir quanto queria ganhar. Nos dias anteriores, preparei um orçamento inteiro concentrando-me em uma determinada renda. Olhava para ele algumas vezes por dia e fingia que já estava aplicando aquele valor na minha vida.

Durante a entrevista prática, fingi que o cargo já era meu e que meus colegas estavam apenas me mostrando meu novo escritório. No fim do dia, o gerente disse que me ligaria na segunda-feira, depois que tivesse tomado uma decisão. Bem, ele ligou mesmo. Ofereceu-me o cargo e também a quantia exata que eu havia previsto no meu orçamento. Foi uma sensação incrível.

No momento, estou apenas praticando a arte da gratidão e aproveitando a vida cada segundo do dia. Até hoje, pedi e recebi tudo de que preciso de imediato, mas sei que, se algum dia precisar de qualquer outra coisa, posso sempre avisar ao Universo.

~ *Lindsey*, Chicago, Illinois, EUA

É fácil visualizar ter um emprego específico – se ver chegando ao trabalho e passando pela porta. É fácil visualizar seu contracheque e ver um número específico. É fácil se visualizar recebendo a notícia dessa promoção. Quando você visualiza que tem isso agora, *sente* que tem isso agora; essa é a deixa para a concretização!

A lei da atração reage de forma exata aos seus pensamentos e palavras. Assim, se você vir algo existindo no futuro, na verdade estará impedindo que isso aconteça agora.

É preciso sentir que você já tem.

– Ensinamentos Diários de O Segredo

Chaves para Criar sua Carreira

- *Você tem dentro de si o poder de atrair o trabalho dos seus sonhos; basta calcular o que realmente quer e pedir.*

- *Não existe emprego dos sonhos ou salário que você não possa ter se acreditar e assumir que eles virão.*

- *Concentre seus pensamentos naquilo que você quer em seu trabalho ou em sua carreira e mantenha-se focado.*

- *Use todos os seus sentidos para visualizar cada aspecto do emprego ou carreira que você quer até sentir que o está vivendo.*

- *Visualize seu contracheque e veja o número específico que você deseja.*

- *Como você receberá a oportunidade de trabalho ou de carreira não deve ser uma preocupação sua.*

- *Para dispersar as dúvidas, faça algo que o deixe feliz ou aumente sua crença usando a visualização e as afirmações.*

- *Para acelerar a manifestação, aja como se você já tivesse recebido o emprego de seus sonhos.*

- *Quando você ama aquilo que faz, o dinheiro vem.*

- *Você pode ser ou fazer qualquer coisa – não há limites.*

*Quando você der o melhor de si,
ficará estarrecido com a velocidade
com que isso vai voltar para você.*

– Ensinamentos Diários de O Segredo

Como Usei O Segredo para Mudar Minha Vida

Existe uma verdade bem no fundo de você que está esperando para ser descoberta, e essa verdade é a seguinte: *você merece todas as coisas boas que a vida tem a oferecer.* Você sabe isso de modo inerente, pois sente-se mal quando experimenta a falta de coisas boas. Tudo o que é bom é seu por direito! Você é o criador da sua vida, e a lei da atração é sua magnífica ferramenta para criar o que você deseja.

Como Jenny na história a seguir, muitas das pessoas que compartilharam comigo suas histórias me agradecem por ter mudado suas vidas. Na verdade, porém, foram elas quem provocaram essas mudanças modificando a si mesmas. Eu sinto apenas uma imensa gratidão por ter podido compartilhar O Segredo com todas elas.

O PONTO MAIS BAIXO DO VALE

"As coisas precisam mudar ou não vou mais aguentar": era assim que eu me sentia na véspera do meu aniversário de 30 anos. Embora tivesse uma boa instrução, não conseguia encontrar um trabalho em tempo integral. Estava solteira, morava com meus pais e me sentia mal sob todos os aspectos. Não precisava de muito para me sentir feliz e realizada, mas parecia que nada aconteceria para mim.

O Segredo salvou minha vida. Só quando cheguei ao fundo do poço me senti capaz de ler o livro como uma espécie de "último recurso". Que boba eu fui. *O Segredo* deveria ter sido meu *primeiro* passo, não o último! A mudança foi imediata, pois o livro foi uma verdadeira inspiração: *"Ainda que esse 'segredo' não faça mais nada, pelo menos me animou e me deu esperança."*

Mas ele fez muito mais do que inspirar... mudou minha vida inteira! Para tornar as coisas ainda mais incríveis, mudou minha vida *exatamente* como eu a tinha visualizado!

Dois meses depois de começar a praticar O Segredo, acabei conseguindo o emprego dos meus sonhos. Durante o processo de seleção, conheci um homem que é tudo que eu sempre quis num companheiro. Finalmente vou morar sozinha e começar a viver como eu sonhava. Perdi muito tempo sentindo pena de mim mesma em vez de perceber o poder para conseguir as coisas que queria.

Sou muito grata por ter recebido esse magnífico presente que é O Segredo, pois não sei o que poderia ter sido de mim sem ele.

~ *Jenny L.*, Detroit, Michigan, EUA

Dentro de você estão as respostas de que precisa para todas as perguntas, portanto é importante descobri-las. Você precisa confiar em si mesmo e em tudo que é.

– Ensinamentos Diários de O Segredo

Esteja Você Agora Onde Estiver, Tudo Pode Mudar

Os autores das histórias nas páginas a seguir descrevem a si mesmos como pessoas destrutivas, viciadas em drogas, sem-teto, infelizes, em estado lamentável etc. O que todos eles passaram a entender após conhecer O Segredo foi que podiam mudar suas vidas mudando seus pensamentos – em outras palavras, mudando a si mesmos.

FAZENDO COCÔ DE GALINHA VIRAR CANJA

Quando recordo minha vida de antes, mal consigo acreditar que sou a mesma pessoa. Estou tão feliz, tão em paz! Nem sempre foi assim. Passei mais de 30 anos cega em relação ao meu lado bom.

Na infância, fui estuprada centenas de vezes pelo meu pai. Desenvolvi epilepsia (talvez como um jeito de fugir) e me isolei. Minha mãe passou a vida inteira entrando e saindo de hospitais psiquiátricos, e durante algum tempo minha casa foi um trailer velho no aterro sanitário da cidade. Minha comida vinha das lixeiras do KFC ali perto. Quando jovem, larguei o ensino médio e me viciei em drogas e em todo tipo de comportamento destrutivo.

Minha vida parecia um fracasso e eu estava convencida de que meu destino era simplesmente sofrer muito e desempenhar o papel da perdedora traumatizada.

Consegui me formar na faculdade, mas não conseguia manter um trabalho por mais de três meses. Depois de ser demitida do meu 34º emprego, fiquei mais deprimida do que nunca; estava tentando tanto melhorar minha vida! Eu tomava Prozac, Wellbutrin, entre outros. Mas não deu certo. Rezava todos os dias para Deus me deixar morrer.

Então me casei com um homem que não amava, por achar que não teria onde morar se não o fizesse. Livrei-me do vício em drogas, mas passava o dia dormindo e vendo TV – tudo para me manter longe da realidade.

Minha transformação começou quando visitei a Igreja da Ciência Religiosa, cujos ensinamentos se parecem muito com os de *O Segredo*. Lá ouvi palavras profundas que me fizeram pensar em coisas muito novas para mim, como: "Pelo simples fato de existir, você já é incrível."

No entanto, foi só quando assisti a *O Segredo* que experimentei uma transformação verdadeira. Sempre tive dificuldade de ganhar dinheiro suficiente para sobreviver sozinha. Certa noite, depois de assistir a *O Segredo* talvez pela 23ª vez, levantei-me, fui até o computador e pedi ao Universo para me ajudar a encontrar um emprego divertido, tranquilo e bem remunerado. Digitei as palavras "criminalística" e "videografia" na ferramenta de busca. E o que surgiu na tela foi uma área que de fato existe, a videografia forense. Fiquei muito animada! Simplesmente tinha certeza de que aquela era a carreira certa para mim, apesar de nem saber em que ela consistia.

Dei os passos necessários para me tornar uma videografista forense e comecei a ganhar 75 dólares por hora (depois de uma vida inteira ganhando salário mínimo ou menos)!

Recentemente, deixei a videografia forense, pois não tinha as qualificações necessárias para fazer trabalhos mais complexos. Assim, voltei-me para minha outra paixão: ajudar os idosos a terem vidas melhores, que era o que eu teria feito desde o princípio se soubesse que as pessoas ganhavam bem para fazer esse tipo de trabalho.

Assim, comecei a fornecer companhia e cuidados de saúde em domicílio para pessoas idosas ou outras que precisem: portadores de deficiência, pacientes em pós-operatório etc. Amo o que faço – é recompensador! Eu me sinto sortuda por ganhar a vida amando!

Outras áreas da minha vida também se transformaram: não tomo mais remédios para ficar feliz; todos os dias vivencio a alegria sozinha! Larguei o cigarro. Faço exercícios cinco vezes por semana e adoro. Divorciei-me do homem do qual antes dependia totalmente. Hoje me amo como sou (e isso é algo *imenso*, pois, quando era mais nova, costumava me queimar e me socar com força em frente ao espelho aos gritos de "Odeio *você*!", tamanho o desprezo que sentia por mim mesma).

Tenho um círculo maravilhoso de amigos que pensam positivo. Amo a vida; amo as segundas-feiras; perdoei meu pai. Encontro alegria extrema nas coisas simples; uma brisa fresca é capaz de me fazer chorar de felicidade! É muito difícil traduzir em palavras como minha vida hoje é maravilhosa. Eu me sinto saudável, feliz, próspera, confiante, cheia de energia, receptiva, capaz de confiar e de, talvez mais do que tudo, ser *grata* por *tudo* e por *todos* na minha vida! O Segredo é só mais uma coisa pela qual sinto profunda gratidão. Obrigada.

~ *K.*, Califórnia, EUA

Graças a certas experiências na infância, tendemos a não nos atribuir valor. Se você não se trata com amor e respeito, está dizendo ao Universo que não é importante, que não tem valor ou que não é merecedor e vai vivenciar mais situações com pessoas que não o tratam bem. Se tansformar o modo como se sente mudando a forma como pensa sobre si mesmo, também vai modificar a forma como é tratado pelos outros.

O mundo inteiro e cada ínfimo detalhe do seu dia estão lhe mostrando sua frequência interna, que está falando com você a cada instante por meio de pessoas, circunstâncias e acontecimentos com que cruza.

Sua vida é um reflexo daquilo que você sente por dentro.

– Ensinamentos Diários de O Segredo

MINHA ÚNICA CHANCE

Tenho 29 anos e moro em uma linda casa em Melbourne, com meu namorado e nossas filhas gêmeas, Melinda e Madeline.

Parece incrível, não? Bem, e é mesmo. Mas a vida nem sempre foi assim. Eu vinha de uma vida de relacionamentos desfeitos e depressão. Meus pais se separaram quando eu tinha 4 anos e não tive uma infância feliz. Comecei a ter relacionamentos ainda muito nova, pensando que fossem me fazer feliz, buscando o que não tivera quando criança. Em vez disso, eles só trouxeram infelicidade e decepção.

Aos 24 anos, cheguei a tentar me matar. Tinha me separado do meu parceiro, morava com minha mãe e estava sem dinheiro e desempregada.

Um dia, entrei em uma loja new age e o dono me deu um exemplar do DVD de *O Segredo*. Levei-o para casa, assisti mas apenas pensei *"Que legal"*, guardando-o junto com meus outros DVDs.

A vida continuou deprimente, até que um dia senti que não conseguia aguentar mais. Foi então que me dei conta de que usar O Segredo era minha única chance de ser feliz. Comecei a aplicar os princípios. Tomei uma decisão em relação ao que queria da vida, criei um mural de visualizações e comecei a viver/sentir/agir como se essas coisas já fossem realidade. No começo foi difícil abandonar meus temores e dúvidas em relação a "como" tudo aquilo iria acontecer, mas insisti, agradecendo pelo fato de a vida que eu queria já ser realidade. Escrevi no meu Diário de Gratidão todos os dias e experimentei as *sensações* de ser grata por essas coisas como se já as tivesse.

Na época eu morava em Sydney e queria me mudar para recomeçar. Queria também um namorado e um emprego do qual gostasse.

Conheci um cara e nos demos muito bem. Tudo aconteceu depressa e de um jeito que eu jamais teria previsto. Como ele era de Melbourne e eu morava em Sydney, dependíamos de telefonemas, mensagens de texto e e-mails para nos comunicar. Falávamos ao telefone todos os dias e depois de apenas quatro semanas ele me perguntou se eu gostaria de ir morar com ele. Apesar de fazer muito pouco tempo, aquilo me pareceu certo, então fui.

Chegando a Melbourne, entrei em contato com agências de emprego para arrumar um trabalho. Já tinha escrito o que queria num emprego e usado os princípios de O Segredo. Depois de aceitar duas vagas temporárias, surgiu um emprego fantástico, que atendia a todos os meus critérios e acabou se revelando o melhor que já tive.

Também imprimi o cheque do site de O Segredo, preguei-o no meu mural de visualizações e me concentrei em já ter recebido o dinheiro e em me sentir bem em relação à prosperidade. Pouco tempo depois, meu pai me ligou para contar que tinha ganhado um bom dinheiro na loteria! Disse que queria me dar uma parte e que me mandaria um cheque de 5 mil dólares!

Eu estava muito feliz com meu namorado e com meu emprego. Adorava morar em Melbourne e adorava nossa casa. A coisa seguinte que coloquei no meu mural de visualizações foi filhos. Queria muito ter duas meninas gêmeas. Recortei uma foto de gêmeas recém-nascidas de uma revista e coloquei no meu mural. Também comecei a comprar roupinhas de bebê com antecedência, duas de cada. Mais uma vez, usei os princípios de *O Segredo* e passei a sentir que aquilo já era realidade.

Menos de oito semanas depois de me mudar para Melbourne, descobri que estava grávida. Comecei a enjoar de manhã e foi horrível (tinha me esquecido de pedir para passar bem no início da gravidez!). Com 12 semanas, a ultrassonografia confirmou que estávamos esperando gêmeos! Meu namorado ficou surpreso, mas eu sabia que era por causa de O Segredo. A partir de então, escrevi e acreditei que tinha uma gestação muito saudável e feliz (que de fato tive). Recebi tudo que pedi: uma gravidez saudável, um parto natural com 38 semanas e filhas gêmeas sadias.

Agora estou estudando Serviço Social (outra coisa que pedi e acreditei que havia recebido), fiz muitos amigos maravilhosos, sou feliz e financeiramente segura. Muitas coisas fantásticas acontecem com frequência agora, e sei que é porque aplico O Segredo em minha vida.

O Segredo mudou minha vida. Vai mudar a sua também, se você usá-lo.

~ *Belinda*, Melbourne, Austrália

Quando Belinda tomou uma decisão definitiva sobre o que realmente queria na vida, deixou de lado as dúvidas e os temores e usou todas as práticas aprendidas em *O Segredo* – entre elas o cheque do Banco do Universo, um mural de visualizações, a lista do que queria e o Diário de Gratidão – para mudar o rumo de sua vida e tornar-se uma pessoa ancorada na positividade, e não alguém movido por pensamentos negativos.

Você cria por meio de seus pensamentos e sentimentos, e ninguém a não ser você pode pensar seus pensamentos ou sentir seus sentimentos.

– Ensinamentos Diários de O Segredo

DAS RUAS PARA O SEGREDO

Durante dez anos da minha vida, fui uma operária do sexo viciada em drogas e alcoólatra, e passei os três últimos desses anos sem ter onde morar e sem desejar mais viver. Então me deram *O Segredo* para ler num grupo de empoderamento que eu estava frequentando e não estou brincando quando escrevo que, seis meses depois de começar a usar O Segredo, minha vida mudou de um jeito incrível. Parei de usar drogas e de beber; minha filha e minha família tornaram a entrar na minha vida. Fui contratada como assistente social durante o dia no lugar onde frequentava o grupo de empoderamento e onde tinham me dado *O Segredo*.

Quatro anos depois, minha vida continua incrível. Acabei de abrir meus e-mails e descobrir que consegui um emprego que desejo faz muito tempo. Meu relacionamento com minha filha, que mora comigo há três anos, é maravilhoso. Minha vida está fantástica.

Obrigada, do fundo do coração.

~ *Thea C.*, Victoria, Canadá

Tudo Está Acontecendo Para Você

As pessoas das histórias anteriores tiveram um início de vida difícil. Para outras, as coisas talvez pareçam estar indo bem e de repente um suposto desafio aparece. Nessas horas, é importante lembrar-se de que tudo – absolutamente tudo – está acontecendo *para* você.

> *Debaixo de todas as coisas aparentemente negativas existe o bem. Se conseguirmos saber que a única coisa que existe é o bem, inclusive numa situação negativa, veremos uma situação negativa se transformar apenas em bem.*
>
> **– Ensinamentos Diários de O Segredo**

Talvez, como Kate na próxima história, você tenha perdido o emprego e com ele a confiança em si mesmo. Qualquer que seja a razão, no entanto, se começar a pensar em si mesmo de modo negativo, você simplesmente estará atraindo ainda mais negatividade.

COMEÇAR DE NOVO

Tudo começou quando, de uma hora para a outra, fui mandada embora do meu emprego de chefe de departamento numa empresa de TV. Como a principal fonte de renda da casa era a minha, sabia que correríamos perigo caso eu não encontrasse muito rápido outro emprego bem remunerado em tempo integral.

Sou uma pessoa positiva, mas a demissão me derrubou e perdi a confiança. Sabia que era o cargo que havia se tornado obsoleto, e não eu, mas a sensação era que eu tinha feito algo de errado.

Quando já estava procurando emprego havia três semanas, vi uma crítica de *O Segredo* no jornal *The Observer*. Aquilo parecia algo que eu gostaria de ler, e fiz uma anotação mental para comprar o livro quando ele saísse; no entanto, assim como no caso de várias outras coisas "a fazer", acabei não comprando.

Então, "por acaso", estava voltando de mais uma entrevista que obviamente não iria dar em nada quando peguei um exemplar do *The London Evening Standard* que alguém tinha largado no trem. Comecei a ler e ali estava um trecho de *O Segredo*. Eu não tinha tido um bom dia e aquilo me pareceu um sinal divino, de modo que, assim que desci do trem, fui direto para a livraria do meu bairro comprar um exemplar.

Assim que cheguei em casa, comecei e ler e iniciei os exercícios de visualização. Disse ao Universo que estava pronta para receber. No exato momento em que acabei de ler o livro, às 17h30 (eu não o largara), o telefone tocou, e era o vice-diretor executivo da empresa na qual eu queria trabalhar – não um assistente pessoal nem uma pessoa do RH, mas o vice-diretor executivo – me perguntando se eu teria a bondade de fazer uma entrevista com ele e o presidente no dia seguinte às 9h30!

Fiquei bem espantada e animada, e saí correndo de casa para esperar meu companheiro no ponto de ônibus e lhe contar sobre o livro e a ligação. Quando estávamos voltando para casa, uma amiga que não víamos fazia um tempo e que trabalhava no restaurante italiano do bairro surgiu diante de nós e nos convidou para irmos até o restaurante tomar uma garrafa de champanhe – assim, sem motivo algum.

Nessa noite, imaginei o trajeto de carro até a entrevista, a entrevista correndo bem e o emprego sendo meu. O trajeto correu bem. A entrevista foi boa, mas muito comprida. A carta com a oferta do emprego chegou no dia seguinte e o salário com benefícios era 20% melhor do que no meu emprego antigo!

Fiquei feliz nesse emprego durante cinco anos, depois passei para outro. *O Segredo* continuou na prateleira até que, do nada, meu companheiro de nove anos me deixou. Fiquei arrasada. No meu coração, eu não sentia que tinha acabado. Tirei *O Segredo* da prateleira e comecei a ler e reler outra vez. Também baixei o filme e passei a assisti-lo no caminho do trabalho diariamente e a nos visualizar felizes juntos.

Visualizar era muito difícil. Parecia-me errado estarmos separados, mas eu não sabia dizer por quê.

Uns quinze meses depois de ir embora, meu companheiro voltou para casa. Foi maravilhoso, e fizemos tudo bem devagar. Eu trabalhava muito e ele me apoiava. Sete meses depois disso, à uma da manhã, descobri por que minha alma sabia que ele tinha que estar em casa.

Sem qualquer aviso, tive um enfarte e uma parada cardíaca. Meu companheiro aplicou a reanimação cardiopulmonar até os paramédicos chegarem e ficou ao meu lado por três dias enquanto eu era mantida em coma induzido. Ficou ao meu lado até eu me recuperar totalmente.

Eu sabia disso e o visualizei em casa. Segui a minha verdade. E agora? Agora O Segredo está funcionando para mim outra vez. Ver, acreditar, fazer acontecer.

Depois da minha parada cardíaca, entendi que as coisas tinham de mudar – continuo trabalhando como produtora de TV em tempo integral e adoro, mas também estou estudando para me qualificar como hipnoterapeuta clínica, coach e palestrante de terapia cognitivo-comportamental, algo que sempre quis fazer, mas nunca pensei que pudesse.

Mas eu visualizei e criei tempo para o curso básico e o profissionalizante (às noite e nos fins de semana), bem como tempo para estudar, treinar e me qualificar. Meu companheiro e eu continuamos juntos, com nossos dois gatos de rua rabugentos de 11 anos e nosso cachorrinho de 9 meses.

Funciona mesmo: sorria; você não tem como ficar triste. Tenha reconhecimento e gratidão e gere mais coisas boas na sua vida!

~ *Kate L.*, Londres, Inglaterra

Toda vez que Kate visualizava o que queria, o Universo respondia entregando exatamente o que ela pedira, até mesmo a volta para casa do seu companheiro. Como nunca podemos passar por cima da liberdade de escolha de outra pessoa, o companheiro de Kate precisou querer a mesma coisa para isso se manifestar. Kate e seu companheiro claramente formavam um bom casal!

A VISTA DA ENCRUZILHADA DA VIDA

Estou inundado de inspiração. A paz de espírito que hoje tenho graças à compreensão de que sou o criador da minha própria história transformou e continuará transformando minha vida. Neste exato momento, estou experimentando um nível de gratidão que jamais senti antes.

Tenho 31 anos e sou um viciado em heroína e cocaína em recuperação.

Três anos e meio atrás, pelos padrões de muita gente, eu levava uma vida excepcional. Tinha encontrado o amor da minha vida e concebido a pessoa mais linda e inspiradora que já conheci, meu filho Tayven. Morava em uma casa maravilhosa. Tinha dois carros ótimos e uma Harley Davidson. Eu vivia o que muitos chamariam de sonho americano.

Foi devido à falta de gratidão pelas coisas incríveis que possuía na minha vida que "perdi tudo" ou, como digo agora, "deixei tudo ir embora". Todos nós já ouvimos muitas vezes o ditado que diz: "A pessoa não sabe o que tem até perdê-lo." Atualmente gosto de dizer que a pessoa sabe o que tem, só que não sente gratidão por aquilo até perdê-lo.

Ao relembrar, fico pasmo por algum dia ter alcançado qualquer nível de sucesso. Sim, tornei-me muito bom em adquirir coisas materiais, mas nunca parei para valorizar o que realmente importa – minha capacidade de criar essas coisas e todas as outras circunstâncias que tinha vivenciado. Eu não sentia gratidão pelas pessoas que me ajudaram, tampouco pelas oportunidades que foram literalmente jogadas diante de mim que me permitiram ter uma existência incrível.

Sinto-me muito grato pela nova perspectiva de vida que adquiri após abrir mão de tudo que amei e por que batalhei. Foi só "começando do zero" que consegui ver o quanto tenho sido abençoado.

Passei um ano preso. Hoje sou um criminoso condenado por porte de heroína e cocaína. Eu não era ingrato apenas com as coisas e com as pessoas na minha vida, entende?

Sentia-me também no direito de vivenciá-las sob o efeito de drogas.

Passei a maior parte dos seis primeiros meses da minha sentença culpando pessoas e circunstâncias pela situação em que me encontrava. Foi só quando li *O Segredo* e comecei a adotar seus princípios de olhar para dentro para mudar e assumir a própria vida que esta começou de fato a se transformar. Esse livro fantástico surgiu no momento mais oportuno. Eu estava numa encruzilhada, e minha vida poderia ter seguido dois caminhos radicalmente diferentes.

Depois de quatro overdoses quase mortais, uma embolia pulmonar e um ano de vida atrás das grades, posso expressar profunda gratidão, não só à equipe incrível que criou esse livro, mas também ao Universo, por ter trazido para a minha vida exatamente o que eu estava pedindo. Embora o que eu pedisse não fosse agradável, mesmo assim me foi dado. Sou muito grato pela oportunidade de ter sobrevivido e pela oportunidade de começar a pedir as coisas certas.

Eu sou um exemplo perfeito de como aplicar O Segredo pode ser uma experiência fantástica para todos com coragem suficiente de olhar para a própria vida – resultado do que eles atraíram para dentro dela. Tudo que eu quero é que a humanidade possa vivenciar o mesmo nível de otimismo e gratidão que sinto hoje.

~ *Avery H.*, Salt Lake City, Utah, EUA

Gratidão – O Transformador da Vida

Para alguns, a gratidão parece vir naturalmente. Já outros levam mais tempo para entender o papel-chave que a gratidão desempenha na lei da atração. Porém, por maior que seja a dificuldade em que você se encontra, praticar a gratidão irá ajudá-lo a encontrar uma saída.

COMPREENDENDO O SIGNIFICADO DA GRATIDÃO

Não consigo explicar direito. Eu gostaria de entender o que realmente significava sentir gratidão por tudo que tem e por tudo que quer. Não tinha certeza se conseguiria. Durante duas semanas depois de comprá-los, li o livro e escutei o CD de *O Segredo* inúmeras vezes. Queria desesperadamente tentar entender o que eles estavam dizendo e manifestar meu próprio destino. Não percebia que não se pode receber nada antes de sentir gratidão pelo que já se tem e pelo que se vai receber.

As coisas mudaram de repente quando acordei um dia com o despertador e me senti meio frustrada por ter de levantar tão cedo. Na mesma hora mudei meu humor para feliz e me levantei. Estava andando pelo jardim e comecei a sentir o vento no rosto e a grama entre os dedos dos pés; então comecei a dizer obrigada. Comecei a agradecer ao Universo por ser eu mesma, pela minha casa, pela minha família, por poder curtir a natureza. Comecei a dizer obrigada por tudo em que conseguia pensar, inclusive pelo que eu queria realizar. Passei os dois dias seguintes fazendo a mesma coisa e agora finalmente entendo o que significa sentir gratidão profunda por tudo que nos cerca.

Não preciso parar o que estou fazendo. Simplesmente sinto gratidão, felicidade e amor se irradiarem de dentro de mim. Antes me zangava com muita facilidade, mas, desde que descobri O Segredo, sinto gratidão por tudo, muito pouca coisa me abala e, quando isso acontece, olho para trás e lembro que somente em uma frequência de amor, felicidade e gratidão receberei o que quero.

Essa sensação que ilumina e se irradia de dentro de mim – a sensação de que sou profundamente grata por tudo – é algo que todo mundo poderia aprender a sentir. O mundo inteiro brilha. Muitas vezes vejo borboletas voejando no meu jardim. Sou grata pelos passarinhos cantando diante da minha janela, pelo vento que sopra nos meus cabelos, por saber que aquilo que desejo já é meu, por tudo. Finalmente entendo que, quando você é grato por aquilo que o cerca, sente paz e amor dentro de si, e isso atrai o que você quer.

~ Elizabeth M., San Diego, Califórnia, EUA

Para criar o amanhã, repasse o hoje quando estiver na cama à noite, logo antes de adormecer, e sinta gratidão pelos momentos bons. Quando estiver pegando no sono, diga: "Vou dormir profundamente e acordar cheio de energia. Amanhã será o dia mais lindo da minha vida."

– Ensinamentos Diários de O Segredo

COMO A GRATIDÃO SALVOU MINHA VIDA

Eu trabalhava em um emprego altamente estressante, com horários e carga de trabalho excessivos. Estava tão sobrecarregada que comecei a ter graves surtos de ansiedade e pânico. Minha cabeça girava, meu coração disparava. Eu tremia, tinha dores de cabeça e sentia pânico ao entrar no escritório. Isolei-me da família e dos amigos, abandonei a vida social, os exercícios e os cuidados comigo mesma.

Não conseguia lidar com o fato de não ter controle sobre meu corpo e minha mente; a ansiedade havia dominado por completo todas as áreas da minha vida. Estava profundamente infeliz e não via escapatória, então comecei a planejar acabar com minha vida.

Mas alguma coisa me impediu e me fez parar e reconsiderar.

Como eu assistira a *O Segredo* e tinha uma fé profunda no Universo, senti-me impelida a comprar *A Magia* e comecei a exercitar as práticas diárias de gratidão.

No início foi um desafio, mas aos poucos tudo ficou mais fácil e minha vida começou a mudar. No início as mudanças foram pequenas, como um torpedo carinhoso de um amigo, um elogio ou evento social que me traziam uma alegria inesperada, e então coisas mais significativas começaram a acontecer.

No décimo dia, sem qualquer comunicação prévia, meu patrão me colocou em licença remunerada por estresse e tive tempo para descansar. No vigésimo dia, já tinha uma visão clara do tipo de emprego que queria, e oportunidades de carreira incríveis na minha área de especialização não paravam de se manifestar. Corajosamente, pedi demissão do meu emprego estressante e nunca mais voltei ao escritório.

No 24º dia, eu sabia que aquelas práticas tinham salvado minha vida. Por ter tido tempo para descansar e me recuperar, eu tivera espaço para pensar na gratidão e para formular para o Universo a vida que eu queria. Confio e acredito que tudo na minha lista está a caminho.

Deixei de ser uma pessoa prostrada e desesperada e tornei-me alguém que acorda diariamente em um estado de alegria eufórica e que agradece por tudo que tem.

No 28º dia depois de ler e começar a praticar *A Magia*, ofereceram-me o emprego dos meus sonhos. Não apenas o cargo e a empresa correspondem a todos os critérios da minha "lista de desejos universal", mas o salário oferecido é a *quantia exata em dólares* que escrevi no cheque do livro. Fiquei toda arrepiada quando recebi a proposta formal de trabalho. Não podia acreditar que tudo que havia encomendado me tinha sido entregue pelo divino Universo!

Obrigada, obrigada, obrigada.

~ *Olivia M.*, Canberra, Austrália

Tudo Que Você Quer Pode Ser Seu

Como todas as pessoas a seguir descobriram, não importa o que você deseja, o Universo quer que você tenha.

MILAGRES EM PROFUSÃO!

Na época em que descobri *O Segredo*, minha vida estava uma confusão só.

Estava me recuperando de um colapso emocional e mental e de vários vícios dolorosos, e meus relacionamentos eram um verdadeiro turbilhão. Minha irmã, com quem eu morava, se recuperava de um derrame que a deixara paralisada e de um noivado rompido. Ela havia emagrecido tanto e ficado tão fraca que parecia prestes a desmaiar.

Lembro-me que, na primeira vez em que assisti a *O Segredo*, chorei de felicidade. Quando criança, sempre soubera que tinha o poder de modificar minha vida, mas havia perdido o contato com esse aspecto divino de mim mesma.

A partir desse dia, minha vida não parou de mudar para melhor.

Usando e aplicando O Segredo, mudei-me para uma linda casa nova e para uma nova cidade, longe dos vícios e energias tóxicos.

Desde então, apliquei O Segredo para:

- Dobrar minha renda.
- Parar de fumar, após ter sido uma fumante inveterada e compulsiva por 23 anos.
- Curar minhas complicadas questões emocionais.
- Livrar-me do vício em álcool, drogas e relacionamentos.
- Abrir um negócio que planejava havia muitos anos.

Além disso, e o mais importante de tudo, sinto orgulho da pessoa que me tornei: alguém que transformou a própria dor em poder. Alguém forte, corajoso e genuinamente alegre, com um jeito novo de valorizar o amor e a vida!

Minha irmã também está bem encaminhada na sua recuperação, e agora estou aplicando O Segredo para atrair o amor da minha vida.

Eu amo o Universo e a vida e sou infinitamente grata por todos os milagres que O Segredo trouxe e continua a trazer para mim.

~ L. Lal, Pune, Índia

Viva seu sonho primeiro dentro de si, de modo completo e total, e ele então irá se manifestar na sua vida. Quando você tiver se sintonizado internamente por completo, irá magnetizar tudo de que precisa para que seu sonho se torne realidade.

Essa é a lei. Toda criação na sua vida começa dentro de você.

– Ensinamentos Diários de O Segredo

MEUS MAIORES SONHOS SE REALIZARAM!

Fui mãe solteira por vinte anos. Vivia preocupada com dinheiro. Nunca viajava para lugar nenhum, tampouco tinha casa própria. Um de meus maiores desejos e promessas para mim mesma era um dia viajar para o Reino Unido. Eu nunca tinha saído da América do Norte e queria que minha primeira viagem internacional fosse para Londres. Queria também possuir uma casa própria e ter uma sensação de conforto e tranquilidade financeira na minha vida. Por muitos anos, porém, eu não via como essas coisas algum dia poderiam acontecer.

Foi então que deparei com *O Segredo*. Amei aquilo, pois me senti inspirada a melhorar minha situação de uma vez por todas. Li também *O Poder* e *A Magia*, e comecei a me concentrar naquilo que amava e a praticar a gratidão todos os dias.

Eu queria muito saturar meu corpo, minha mente e meu espírito com amor, gratidão e a crença de que poderia melhorar minha vida. Eu sabia que a repetição era a chave. Seguir lendo aqueles livros, praticando a gratidão, assistindo àqueles vídeos, fortalecendo minha crença.

Funcionou. Às vezes ainda fico com os olhos cheios d'água quando penso em como deu certo para mim.

Com o tempo, aumentei a intensidade dos meus exercícios de gratidão e visualização. Comecei a praticá-los duas vezes ao dia – assim que acordava de manhã e logo antes de adormecer à noite – durante trinta dias seguidos.

O resultado? Em seis meses, melhorias fantásticas aconteceram na minha vida:

- Meu filho se formou na universidade, conseguiu o emprego que queria e foi morar sozinho. Que recompensa maravilhosa é vê-lo tão saudável, feliz e bem-sucedido na vida.
- Minha renda anual aumentou em 30 mil dólares.
- Também ganhei um dinheiro extra com os trabalhos que faço em casa.
- Consegui comprar um imóvel e me mudei.
- Reservei uma viagem para Londres e Paris usando o cartão de crédito e sabendo que poderia pagar em seis meses graças ao aumento da minha renda.
- Dei os meus móveis antigos ao meu filho e pude financiar a compra de móveis novos para minha casa nova.

- Comprei um Jeep novinho, financiado em seis anos.

- Minha mãe ganhou 1,15 milhão de dólares no sorteio de um cassino. Generosa, ela dividiu parte do prêmio com os filhos, o que me permitiu saldar todas as dívidas, inclusive a viagem, o Jeep, a mobília, tudo! Tirando a hipoteca, fiquei sem dívida alguma; tinha dinheiro guardado e mais dinheiro ainda para gastar.

- Não foi só minha mãe quem ganhou na loteria do cassino, pois, por mais incrível que possa parecer, dois meses depois meu tio ganhou 1,4 milhão de dólares na loteria de outro cassino!

- Para coroar isso tudo, decidi fazer uma muito desejada viagem a Nova York.

- Não apenas todos os desejos que eu tinha se realizaram, mas, melhor ainda, pude ver meu filho e minha mãe terem sucesso e alegria. Meu Deus, como foi bom!

Minha vida continua me deixando muito realizada. Continuo ganhando superbem e viajando. Continuo tendo um relacionamento maravilhoso com meu filho e vendo-o ter sucesso na própria vida. É uma maravilha.

Sou muito grata a você, Rhonda, por ter me ajudado a mudar minha vida para melhor. Obrigada, obrigada, obrigada!

~ *Kim S.*, Canadá

Não podemos controlar cada coisa que entra na nossa vida, pois ela envolve outras pessoas e não podemos controlar suas ações. No entanto, como Charlotte conta na história a seguir, podemos sempre controlar *como reagimos* ao que acontece conosco.

SUPERANDO MUITAS PERDAS

Nos últimos doze anos, houve muitas perdas na minha vida. Minha mãe, meus quatro tios, duas tias, quatro amigos da família e dois bichos de estimação morreram. Minha perda mais recente foi meu gatinho, Renny. Os únicos parentes que me restam são meu pai de 87 anos e uma irmã.

Antes de *O Segredo*, se alguém tivesse me dito que eu viveria tantas perdas num período tão curto, eu teria ficado convencida de que isso me destruiria por completo. Não posso negar que me senti muito triste, sozinha e infeliz. Tive de lutar contra a depressão e a ansiedade no decorrer de várias dessas mortes.

Porém, graças a *O Segredo* e à lei da atração, todas as vezes consegui superar meu luto e dar a volta por cima num tempo muito mais curto do que teria acreditado ser possível. E, por mais inesperado que isso possa parecer, nos últimos anos tenho vivido melhor do que nunca! Sinto-me mais forte e a vida parece simplesmente mais rica, interessante e empolgante.

O Segredo foi uma revelação para mim porque me ensinou que não precisamos ser vítimas das circunstâncias. Eu antes acreditava que não tínhamos como influenciar o que nos acontece ou como reagimos a isso. Vivia num medo constante, perguntando-me quando a crise seguinte iria chegar e me desestabilizar emocionalmente. Também costumava fazer minha felicidade depender dos outros. Aprender que não posso controlá-los, mas que posso controlar minhas reações ao que eles fazem, foi uma verdadeira revelação. A consciência de que posso controlar meu futuro com aquilo que atraio por meio dos meus pensamentos e emoções, sejam eles boas ou ruins, também foi.

Sei que não posso impedir as pessoas de morrerem, mas *O Segredo* me ensinou que posso controlar minha reação a esses acontecimentos. Posso decidir se entro em colapso emocional, prendendo-me ao passado e desejando o impossível, ou se deixo aqueles que amo partirem e aceito sua morte como parte da jornada espiritual deles, ao mesmo tempo que olho para o futuro à espera de coisas melhores. A escolha é toda minha. Que conceito poderoso!

Toda vez que sofri alguma perda ou revés, assisti a *O Segredo* para me ajudar a recarregar as baterias e recuperar a força e o entusiasmo pela vida. Funciona todas as vezes. Não acontece do dia para a noite, claro, mas sei que, se não fosse O Segredo, estaria num lugar bem ruim hoje.

~ *Charlotte B.*, Ontário, Canadá

Todas as pessoas que contaram suas histórias neste livro não tinham outra motivação além do grande desejo de encorajar e inspirar *você*. Por vezes suas histórias envolvem sofrimento e, como você pôde ver, em muitos casos, quanto maior o sofrimento, maior o ímpeto de mudar a vida por completo. Das cinzas surge uma nova oportunidade.

Nunca é tarde para mudar; não existe poço tão fundo do qual não se possa sair. Não existe oportunidade perdida. E a ótima notícia é que você não precisa mudar o mundo. Basta mudar seu jeito de pensar e de sentir, e o mundo vai mudar diante dos seus olhos. Então vai ser a *sua* história que vai encorajar e inspirar os outros. Ao mudar a si mesmo, você de fato vai conseguir mudar o mundo.

LUTANDO COM O SEGREDO

Aos 22 anos, consegui o emprego dos meus sonhos como lutador profissional. Embora o trabalho me obrigasse a trilhar meu caminho começando em uma liga menor, esperava conseguir chegar ao topo da profissão. Lutar era tudo que eu sempre quisera fazer desde os 12 anos. Adorava aprender. No entanto, aquele trabalho revelou-se um ambiente de abusos mentais e físicos que destruía o espírito das pessoas.

Aos poucos, sem perceber, eu estava me tornando cada vez mais negativo. Perdi a confiança por causa de tanta negatividade à minha volta e dentro de mim. Não desisti, pois isso não era do meu feitio, e havia momentos em que esboçava uma breve reação. Mas então algo me derrubava outra vez.

Justo quando eu achava que as coisas não podiam piorar, é claro que pioraram: fui transferido para outra cidade e passei o ano mais difícil da minha vida em um emprego novo numa cidade nova. Embora de um ponto de vista físico as coisas tivessem melhorado para mim na luta, mentalmente eu estava derrotado. Não tinha nenhum objetivo, estava apenas deixando a vida me levar. Assistia ao noticiário da TV e ficava deprimido. Ia à academia e ficava deprimido. Saía para beber e acordava ainda mais deprimido. A negatividade estava governando o meu mundo. Comecei a ter pesadelos de que seria demitido daquele que antes fora o emprego com o qual eu tanto sonhara.

Um dia, no treino, estava conversando com meu melhor amigo, Pat. Pat era um atleta que não recebia salário e ia à academia todos os dias tentar conseguir um contrato. Nesse dia, estávamos nos aquecendo em volta do ringue, em preparação para o treino. "Aposto que vou ser demitido hoje", resmunguei. Pat ergueu os olhos: "Você não vai ser demitido. Você é o maior cara desta academia, o que tem mais potencial." Mesmo assim, a negatividade persistiu.

Então ouvimos um boato de que três pessoas iriam perder o contrato. Fui para casa de baixo astral depois do treino, e decidi tirar um cochilo para fugir dos meus problemas. Quando acordei, tinha um recado do meu chefe. Eu tinha sido demitido.

Fiquei com tanta vergonha por ter perdido o emprego que cheguei ao fundo do poço. Fui morar com uma garota que tinha conhecido algum tempo antes e arrumei um emprego num restaurante. Trabalhava lá feito um escravo, de 50 a 60 horas semanais, e, embora gostasse do trabalho, sentia falta de lutar. Pat também fora contratado e pudemos conversar sobre nossos sonhos e nossos fracassos.

O álcool e o cigarro tomaram conta da minha vida.

Todas as noites, após o trabalho, eu comprava uma garrafa de vodca e ficava bebendo. No início isso pareceu inofensivo, pois bebia com minha namorada, mas então nós terminamos e me afundei mais ainda. Agora não tinha o emprego nem a namorada. Saí da grande e linda casa onde ela morava e fui para uma quitinete em mau estado na qual tudo que havia era uma TV, uma cama vagabunda e um sofá que ela teve a gentileza de me emprestar. Sentia tanta vergonha que evitava falar com meus pais; passei quase dois anos sem ir à casa deles.

Pat ficou realmente preocupado ao ver como eu estava vivendo e, como estava passando por uma história semelhante por causa de um rompimento doloroso, combinamos de achar um apartamento perto do trabalho e, algum dia, voltar a correr atrás do nosso sonho de lutar. Certa vez, um amigo que não via há tempos entrou no restaurante. Ficou arrasado ao me ver naquela situação e me disse que havia lido um livro chamado *O Segredo*, que o tinha ajudado muito. Deu-me um dinheiro e falou: "Vá comprar esse livro hoje. Ele vai ajudar você." Pensei que mal não faria, então saí e comprei meu exemplar de *O Segredo*. Nessa noite, chegando em casa, li o livro inteiro de uma vez só. Fiquei fascinado na mesma hora! Pensei que, quando criança, eu tinha usado muitos daqueles princípios no meu modo de pensar, mas que, depois de adulto, alguma coisa tinha mudado e eu havia perdido aquela mentalidade de "Posso fazer o que eu quiser". Li o livro outra vez, saí, comprei o DVD de *O Segredo* e arrumei um mural de visualizações para registrar todos os meus objetivos.

Quando Pat chegou em casa, contei sobre *O Segredo*. Ele se interessou na hora. Acho que viu que alguma coisa havia despertado dentro de mim. Pat assistiu ao vídeo, leu o livro e também arrumou um mural de realizações. Nosso apartamento se tornou uma instalação de visualização do nosso futuro, repleto de imagens e cartazes motivadores.

Em menos de um mês, Pat me convidou para ir lutar com ele em alguns eventos, para me levar de volta ao ringue. Aceitei e tornamos a entrar no circuito. Foi divertido. Eu me sentia bem. Ainda trabalhávamos muitas horas no restaurante, mas nossa energia mudou.

Um dia, quando estava assistindo a *O Exterminador do Futuro 2*, me senti como Arnold! Invencível! Havia passado por coisas suficientes para ser um personagem do tipo do exterminador. Dei a mim mesmo essa nova identidade e, com os conhecimentos de O Segredo, estava pronto para o segundo round no emprego dos meus sonhos.

Bem, para resumir a história, impressionei meus antigos chefes e acabei conseguindo o emprego de volta. Não demorou muito para eu chegar ao topo, e hoje tudo que eu poderia ter sonhado em querer na vida veio até mim!

Há muito mais, mas esse é o resumo da história real de um menino de 12 anos chamado Ryan Reeves, que sonhava virar lutador profissional. Ele perdeu esse sonho, então descobriu O Segredo e conseguiu o sonho de volta, e hoje tem orgulho de ser mundialmente conhecido como a estrela do WWE Ryback, The Big Guy (o Grandalhão)!

Pat hoje tem duas empresas de luta profissional, duas academias e está realizando projetos incríveis. Sete anos atrás, nós dois morávamos em um apartamento pequeno e enfumaçado, deprimidos e derrotados. É inacreditável o que esse conhecimento é capaz de fazer.

~ *Ryan R.*, Las Vegas, Nevada, EUA

Nosso estado natural de ser é a alegria. É preciso muita energia para ter pensamentos negativos, falar palavras negativas, para se sentir infeliz.
O caminho fácil é feito de bons pensamentos, boas palavras e boas ações. Escolha o caminho fácil.

– Ensinamentos Diários de O Segredo

Conseguir tudo que você quer é um trabalho interno! O mundo externo é o mundo dos efeitos; ele nada mais é do que o resultado dos pensamentos. Tenha e se deixe impregnar por pensamentos felizes. Irradie sentimentos de felicidade e alegria, transmita isso para o Universo com toda sua força e você irá vivenciar o verdadeiro paraíso sobre a Terra.

Chaves para Mudar sua Vida

- *Você merece todas as coisas boas que a vida tem a oferecer. O que quer que deseje, o Universo quer que você tenha.*
- *Trate a si mesmo da mesma maneira que deseja que os outros o tratem.*
- *Se você pensar em si mesmo de modo negativo, atrairá para si circunstâncias negativas.*
- *Sua vida é um reflexo de tudo aquilo que você sente por dentro.*
- *Toda criação na sua vida começa dentro de você.*
- *Viva a vida com a qual sonha e ela vai se manifestar.*
- *Mesmo que não pareça, tudo está acontecendo para seu benefício.*
- *Não importa a situação difícil em que você se encontre, praticar a gratidão vai ajudá-lo a descobrir uma saída para seus problemas.*

- *O importante não é o que acontece, mas como você reage ao que acontece.*

- *Nunca é tarde para mudar alguma coisa – ou tudo. Mude seu jeito de pensar, mude seu jeito de sentir.*

Agradecimentos

É uma honra poder expressar minha gratidão às pessoas mencionadas a seguir, pelo apoio e contribuição para este livro tão especial:

Aos incríveis colaboradores que compartilharam suas histórias secretas, tendo como único objetivo ajudar e inspirar outras pessoas por meio de sua história, agradeço de todo o coração. E demais dezenas de milhares de leitores que dividiram suas experiências em nosso site, obrigada!

A criação deste livro requisitou um esforço de equipe e, por isso, foi uma enorme alegria trabalhar nele, do começo ao fim. Agradeço à Equipe do Segredo por sua dedicação e suas contribuições inestimáveis. Somos um grupo relativamente pequeno, composto de pessoas muito talentosas. No editorial, o produtor Paul Harrington e o editor Skye Byrne trabalharam lado a lado comigo na criação deste livro, com atenção total a cada detalhe. Eles são parte destas páginas, tanto quanto eu. À extraordinária Glenda Bell, diretora financeira, ao ótimo Don Zyck, ao campeão das mídias sociais Josh Gold, à editora do site Secret Stories e amiga querida, Marcy Koltun-Crilley, obrigada.

Pela capa e pela diagramação do livro, agradeço ao talentoso artista e diretor criativo de *The Secret*, Nic George. Agradeço também ao diretor de arte da Atria Books, Albert Tang, que trabalhou com Nic na criação desta capa.

À nossa editora maravilhosa, Simon & Schuster e à equipe da Atria Books. Agradeço à presidente da Atria Books, a amiga e ser humano especial Judith Curr, e ao melhor grupo de pessoas com quem se poderia trabalhar sob a chancela da Atria: Lisa Keim, Darlene DeLillo, Rakesh Satyal, Loan Le, Kimberly Goldstein, Paige Lytle, Jim Thiel, Isolde Sauer, E. Beth Thomas, Carly Sommerstein, Dana Sloan e a escritora Judith Kern. Muito obrigada a todos vocês!

A Carolyn Reidy, CEO da Simon & Schuster, muito obrigada!

À nossa equipe jurídica da Greenburg Glusker: Bonnie Eskenazi, Julia Haye e Jesse Savoir. E a Elisa M. Rivlin, da Atria Books.

Obtive grandes realizações em minha vida graças a muitos mestres e tradições espirituais ao longo dos últimos dez anos. Gostaria de agradecer, em particular, ao meu mentor e amigo Angel Martin Velayos, da Ordem Rosacruz, e aos mestres que impactaram minha compreensão espiritual durante a criação deste livro: Sailor Bob Adamson (te amo, Bob), Robert Adams e David Bingham.

À minha preciosa família: minhas filhas tão especiais, Hayley e Skye Byrne; minhas lindas irmãs, Pauline Vernon, Glenda Bell e Jan Child; Peter Byrne e Oku Den, Kevin "Kid" McKemy, Paul Cronin; e meus maravilhosos netos Savannah e Henley. Sou extremamente abençoada por ter cada um deles na minha vida.

A alguns dos meus mais queridos e antigos amigos, que permanecem comigo apesar de meu desejo de discutir verdades espirituais a todo momento: Elaine Bate, Mark Weaver e Fred Nalder, Forrest Kolb, Andrea Keir e Kathy Kaplan. E a um grupo especial de pessoas com quem me associei e que me ajudaram a fazer a vida ainda mais maravilhosa: Robert Cort, o incrível Kevin Murphy e Negin Zand, Dani Piola, minha assistente pessoal Pamela Vandervort, Eileen Randall e Eligia Trujillo.

E, finalmente, você não teria esta obra em suas mãos se não fosse por minha filha Skye. Ela não apenas editou e trabalhou neste livro como iniciou o projeto Secret Stories como uma publicação e, entusiasmada, incentivou cada etapa até a criação final. O resultado é que este é um dos melhores livros que já publicamos – porque ele se origina de pessoas como você.

Colaboradores por País

África

Alan Nairóbi, Quênia
O DOBRO OU NADA!, p. 187

Ásia

Tina, Hong Kong
EU ME TORNEI INVENCÍVEL, p. 135

L. Lal, Pune, Índia
MILAGRES EM PROFUSÃO!, p. 232

Samita P., Mumbai, Índia
ABENÇOADA COM MINHA LINDA BEBÊ, p. 139

Enny, Kuala Lumpur, Malásia
É UM MILAGRE, p. 9

Darrell B., Cingapura
ESPERANÇA, p. 177

Austrália e Nova Zelândia

Belinda, Melbourne, Austrália
MINHA ÚNICA CHANCE, p. 214

John P., Sydney, Austrália
CANTAR COM STEVIE WONDER, p. 6

Karen C., Sydney, Austrália
COMO O SEGREDO EXPANDIU MINHA VIDA, p. 130

Olivia M., Canberra, Austrália
COMO A GRATIDÃO SALVOU MINHA VIDA, p. 230

Glenda, Nova Zelândia
PARA MINHA QUERIDA MÃE, p. 108

Canadá

Charlotte B., Ontário
SUPERANDO MUITAS PERDAS, p. 238

Estados Unidos

Alex, Los Angeles, Califórnia
O SEGREDO MUDOU A VIDA DA MINHA FAMÍLIA, p. 37

Ambika N., Los Angeles, Califórnia
UM MILAGRE DO GREEN CARD, p. 20

Chelsea, São Francisco, Califórnia
O DINHEIRO VEM FÁCIL E COM FREQUÊNCIA!, p. 69

Elizabeth M., San Diego, Califórnia
COMPREENDENDO O SIGNIFICADO DA GRATIDÃO, p. 227

Heidi T., Chico, Califórnia
O PODER DA FELICIDADE, p. 61

K., Califórnia
FAZENDO COCÔ DE GALINHA VIRAR CANJA, p. 210

Kathy, São Francisco, Califórnia
CADEIRAS VAZIAS, p. 90

Laarni R., Califórnia
ALGO PEQUENO, p. 32

Lauren T., Laguna Beach, Califórnia
MEU CORAÇÃO MILAGROSO, p. 122

Lucinda M., Califórnia
UM TUMOR GIGANTESCO... SUMIU!, p. 156

Tammy H., Fullerton, Califórnia
NUNCA DESISTA DO AMOR, p. 100

Tricia, Brentwood, Califórnia
PEÇA UMA VEZ E SE DESAPEGUE, p. 24

Knight A., Colorado Springs, Colorado
OS MÉDICOS DIZEM QUE É UM MILAGRE, p. 119

Zane G., Pueblo, Colorado
UMA SURPRESA INCRÍVEL, p. 79

Amanda, Connecticut
ENCONTRAR UMA MOEDA MUDOU TUDO, p. 30

Angie, Fort Lauderdale, Flórida
ADEUS NEGATIVIDADE, p. 86

Annette, Flórida
MALTRATADA EM TODOS OS EMPREGOS, p. 166

Natalie F., Savannah, Geórgia
VERIFIQUE A DATA, p. 76

Pat, Geórgia
DINHEIRO DO CÉU, p. 81

Lindsey, Chicago, Illinois
ASSUMINDO O PAPEL, p. 201

Kelly, Indiana
QUANDO NÃO SOBRAR MAIS NADA, VOCÊ TEM O SEGREDO!, p. 172

Yana F., Baltimore, Maryland
O EMPREGO, p. 184

Jason, Michigan
EU TINHA PARADO DE ACREDITAR, ATÉ..., p. 34

Jenny L., Detroit, Michigan
O PONTO MAIS BAIXO DO VALE, p. 208

Marta, Mississippi
POPEYE, p. 13

Ryan R., Las Vegas, Nevada
LUTANDO COM O SEGREDO, p. 241

Carol S., Syracuse, Nova York
ALERTA, p. 132

Hannah, Nova York, Nova York
O MELHOR ANO DA MINHA VIDA, p. 46

Heather M., Buffalo, Nova York
CASA NOVA, BEBÊ NOVO, p. 54

Kate, Long Island, Nova York
O QUE FAZ VOCÊ ACREDITAR?, p. 170

Maria, Nova York
PUBLIQUEI MEU LIVRO AOS 25 ANOS!!!, p. 175

Franci K., Doylestown, Pensilvânia
O CORAÇÃO DE KYLE, p. 154

Gina, Plymouth, Pensilvânia
COMO O SEGREDO NOS FEZ MUDAR – LITERALMENTE, p. 84

Europa

Sabrina, Dinamarca
A CURA PELO PERDÃO, p. 110

Tracy, Ilhas Canárias
O SEGREDO SALVOU MINHA VIDA, p. 44

Oriente Médio

Mireille D., Líbano
COMO CONSEGUI O EMPREGO DOS MEUS SONHOS, p. 200

Reino Unido

Emily, Londres, Inglaterra
GRAVIDEZ COMPLICADA COM FINAL FELIZ, p. 151

Helen, Liverpool, Inglaterra
E-MAILS DO UNIVERSO, p. 195

Jane J., Ascot, Berkshire, Inglaterra
ACREDITAR NO MELHOR, p. 159

K., Londres, Inglaterra
TESTE DE CORAGEM, p. 182

Kate L., Londres, Inglaterra
COMEÇAR DE NOVO, p. 220

Melica P., Essex, Inglaterra
UMA AJUDINHA DA AMIGA, p. 51

Rebecca D., Birmingham, Inglaterra
TRAZIDO DE VOLTA À VIDA, p. 147

Rebecca, Londres, Inglaterra
COMO VENDER UMA CASA, p. 88

Zee, Londres, Inglaterra
PARA TODAS AS SOLTEIRAS, p. 98

Siga *The Secret*
Instagram: @thesecret365
Facebook: facebook.com/thesecret/
Twitter: @thesecret

INFORMAÇÕES SOBRE A SEXTANTE

Para saber mais sobre os títulos e autores
da EDITORA SEXTANTE,
visite o site www.sextante.com.br
e curta as nossas redes sociais.
Além de informações sobre os próximos lançamentos,
você terá acesso a conteúdos exclusivos
e poderá participar de promoções e sorteios.

www.sextante.com.br

facebook.com/esextante

twitter.com/sextante

instagram.com/editorasextante

skoob.com.br/sextante

FSC
www.fsc.org
MISTO
Papel produzido
a partir de
fontes responsáveis
FSC® C019498

A marca FSC® é a garantia de que a madeira utilizada na fabricação do papel deste livro provém de florestas que foram gerenciadas de maneira ambientalmente correta, socialmente justa e economicamente viável, além de outras fontes de origem controlada.